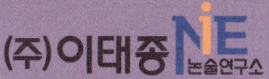

초등학생을 위한 논쟁 수업과 논서술 대비용

이슈 토론

융복합 사고의 결정판
(3~5학년 권장)
12가지 주제

- 자기 주도 학습이란 무엇인가
- 곤충 먹어 보셨나요
- 실패도 자산이다
- 교과서 한자 병기 찬반 논쟁
- 인간의 욕심이 부른 조류인플루엔자
- 세금은 어디에 쓰이나
- 공정하다는 것의 참 의미
- 녹조와의 전쟁 이기기
- 기록 문화란 무엇인가
- 효도해야 성공한다
- 두 얼굴의 곰팡이
- 남극대륙은 개발하면 안 될까

행복한 논술 편집부 엮음

초등 중급

4 호

차례

토론의 이론과 실제 ········· 04

01 자기 주도 학습이란 무엇인가 ········· 09
  이슈 스스로 공부할 줄 알아야 성적 올라
  토론 스스로 공부하는 방법

02 곤충 먹어 보셨나요 ········· 18
  이슈 식용 곤충이 미래 식량으로 떠올라
  토론 식용 곤충 인기 있게 만들려면…

03 실패도 자산이다 ········· 27
  이슈 실패를 두려워하면 성공도 없다
  토론 실패를 딛고 성공하는 방법

04 교과서 한자 병기 찬반 논쟁 ········· 36
  이슈 한글과 한자 어떤 관계일까
  토론 한자 병기 이렇게 생각한다

05 인간의 욕심이 부른 조류인플루엔자 ········· 45
  이슈 조류인플루엔자가 새 공포증 불렀다
  토론 조류인플루엔자를 이기는 방법

06 세금은 어디에 쓰이나 ········· 54
  이슈 세금 왜 내야 할까
  토론 세금 잘 내고 낭비 없어야 나라 부강

07 공정하다는 것의 참 의미　　　　　　　　　　　　　　　63

　　　이슈 학생들의 꿈 꺾는 교육 부정
　　　토론 교육의 공정성을 지키는 방법

08 녹조와의 전쟁 이기기　　　　　　　　　　　　　　　　72

　　　이슈 녹조 왜 생길까
　　　토론 작은 실천이 녹조를 막는다

09 기록 문화란 무엇인가　　　　　　　　　　　　　　　　81

　　　이슈 과거와 현재를 이어주는 기록
　　　토론 기록이 삶을 풍요롭게 한다

10 효도해야 성공한다　　　　　　　　　　　　　　　　　90

　　　이슈 효자·효녀가 줄어든다
　　　토론 효를 실천하는 방법

11 두 얼굴의 곰팡이　　　　　　　　　　　　　　　　　　99

　　　이슈 곰팡이와 공존하는 방법
　　　토론 해로운 곰팡이를 없애는 방법

12 남극대륙은 개발하면 안 될까　　　　　　　　　　　　108

　　　이슈 지구 온난화로 위기에 빠진 남극대륙
　　　토론 자원 선점 경쟁도 좋지만 보존도 중요

답안과 풀이　　　　　　　　　　　　　　　　　　　　　117

토론의 이론과 실제

4차 산업혁명의 특징은 여러 분야의 기술을 융합하는 것이다. 따라서 4차 산업혁명에 대비하려면 소통 능력과 협동심이 중요하다. 소통 능력과 협동심을 기르려면 어렸을 적부터 토론 교육이 필요하다.

토론은 절차를 갖춘 공식적인 쌍방 소통이다. 토론 과정에서 절차를 지키지 않으면 문제는 해결되지 않고 말싸움으로 끝나게 된다.

토론은 논쟁과 토의로 나뉜다. 논쟁은 입장이 다른 편을 서로 설득하는 토론인데, 찬반 토론으로 대표된다. 주로 사용하는 방식은 두마음토론과 세다(CEDA)토론을 들 수 있다. 토의는 같은 편끼리 바람직한 결과를 얻기 위해 하는 토론이다. 피라미드토론과 원탁토론이 주로 사용된다.

두마음토론의 절차와 진행 방식

두마음토론은 남을 설득하거나 두 가지 의견을 공정하게 판결하는 토론이다. 서로 다른 입장의 대결이라는 점에서 붙인 이름이다.

3명이 한 모둠을 이루는데, 모둠을 이룬 3명 가운데 2명은 토론 주제인 논제를 놓고 찬성과 반대 입장을 맡아 토론에 참여하고, 나머지 1명은 판결한다. 인원이 남을 경우 1명은 판결자의 보조 역할을 하고, 1명은 토론 내용을 기록하면 좋다. 참여 인원이 많으면 여러 모둠으로 나눠 하면 된다.

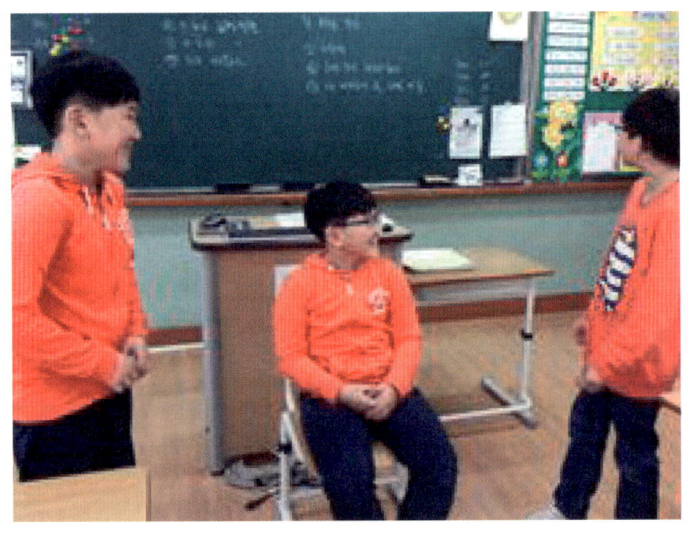
▲두마음토론을 하는 초등학생들.

자리를 배치할 때 판결자는 중간에 앉고, 오른쪽에는 찬성 입장, 왼쪽에는 반대 입장 토론자를 마주앉게 한다.

찬반 토론자는 서로 의견을 주고받지 못하며, 판결자에게만 자신의 주장과 그 근거를 말할 수 있다. 판결자가 몸을 비스듬히 돌려 자신을 바라볼 때만 발언할 수 있다. 토론 참가자는 판결자에게 질문할 수 없으므로, 참가자 모두 의견을 집중해서 들어야 한다.

찬반 양쪽에는 모두 세 차례의 발언 기회가 주어지는데, 1회 발언 시간은 30초다. 여러 모둠이 같은 교실에서 토론할 경우 중간에 작전 시간을 가질 수 있다. 작전 시간에는 같은 편끼리 모여 의견을 정리한다. 발언 시간이 모두 끝나면 판결자는 승자의 손을 들어준다. 찬반 역할을 바꿔 여러 번 토론할 수도 있다.

마지막으로 토론 참석자들은 판결자의 판결 이유를 듣는다. 여러 모둠에서 진행한 토론 내용도 함께 나눌 수 있다.

세다토론의 절차와 진행 방식

찬반 토론의 한 방법인 세다토론은 토론 대회에서 자주 사용되는데, 자료 조사와 질문을 통해 자신의 주장을 증명하는 방식이다. 따라서 자료를 충분히 준비해 질문해야 한다.

찬반 양쪽은 두세 명씩 한 팀을 이뤄 협력한다. 상대 팀에게 몇 가지 질문을 통해 상대 주장의 잘못을 찾는 방식이므로 '교차조사토론'으로도 불린다.

토론 주제에 대한 찬반 입장은 즉석에서 결정한다. 일반적으로는 3회전으로 치러지는데, 입론(3분)→교차 조사(2분)→반론(2분)의 순서로 진행한다.

토론자들에게는 3회전까지 각자 세 차례의 발언 기회가 주어진다. 양쪽은 순서와 관계없이 3회전이 진행되는 동안 각각 3분의 작전 시간을 가질 수 있다. 작전 시간은 상대에 대응하기 위해 같은 편이 발언할 때 나눠서 신청한다. 토론자가 한 팀에 두 명일 경우 소요 시간은 34분 정도다. 토론자 4명의 발언 시간은 28분이지만, 각 팀은 3분의 작전 시간을 쓸 수 있기 때문이다.

▲세다토론을 하는 초등학생들.

1회전	2회전	3회전
찬성 1 - 입론	찬성 2 - 입론	반대 1 - 반론
반대 2 - 교차 조사	반대 1 - 교차 조사	찬성 1 - 반론
반대 1 - 입론	반대 2 - 입론	반대 2 - 반론
찬성 1 - 교차 조사	찬성 2 - 교차 조사	찬성 2 - 반론

입론 단계에서는 주장을 분명히 말하고 개념을 명확하게 정리해야 한다. '왜냐하면'이라는 말을 사용해 이유와 근거도 세 가지쯤 대고, '예컨대'라는 말을 사용해 사례도 밝힌다. 발언을 마칠 때는 "지금까지 저희는 ~을 증명했습니다."라고 말하며 마무리한다.

교차 조사를 할 때는 상대의 입론 내용에 관해 질문하는데, 2분 안에 4~5가지를 질문해 상대 주장의 허점을 공격해야 한다. 상대에게 하나씩 질문한 뒤 '예, 아니오'로 대답을 들어야 상대 주장의 허점이 드러난다. 따라서 토론의 승패가 질문 능력에 달려 있다고 보면 된다.

반론은 같은 팀 입론 내용과 관련이 있는 주장을 펴야 한다. 상대의 답변 내용을 파고들어 공격하기도 한다. 이때 새로운 주장을 펼치면 안 되고, 상대의 주장에 관해서만 반론할 수 있다.

피라미드토론의 절차와 진행 방식

피라미드토론 진행 방식			
8명	+	8명	= 8대 8 토론
4명	+	4명	= 4대 4 토론
2명	+	2명	= 2대 2 토론
1명	+	1명	= 1대 1 토론

피라미드토론은 주어진 토론 주제에 관해 전체 토론자들의 의견을 단계적으로 줄여 마지막에는 하나의 의견을 얻는 방식이다. 설득과 합의를 배우는 경우에 알맞다. 1대 1로 토론해 합의한 뒤 2대 2로 확장해 4명이 토론을 거쳐 합의한다. 또는 4대 4나 8대 8과 같은 식으로 참여 인원을 늘려 전체 인원이 절반이 될 때까지 합의한다.

예를 들면 '행복을 위한 조건'을 놓고 토론자마다 세 가지씩 의견을 적는다. 1대 1 토론은 3분 동안 6개의 의견을 갖고, 3개의 의견으로 합의하는 방식이다. 2대 2, 4대 4 토론을 거쳐 최종 두 팀의 토론에서 얻은 3가지가 대표 의견이 된다. 토론 승리는 합의한 3가지 의견 가운데 2가지 이상을 낸 팀에게 돌아간다.

각 단계에서 합의하지 못하면 다음 단계로 넘어갈 수 없다. 따라서 우선 순위와 설득과 합의를 효과적으로 배울 수 있다.

피라미드토론은 인원이 많을 때 알맞으므로, 학교나 동아리 모임에서 주로 활용한다. 예를 들어 학교 수업 시간 40분 가운데 25분을 수업한 뒤 15분을 피라미드토론으로 진행하는 것이다. 학급 인원 32명을 8명(24명인 경우 6명씩)씩 네 모둠으로 나눈다. 모둠별로 피라미드토론을 통해 합의한 뒤, 모둠 대표 4명이 합의한 내용을 발표한다.

인원이 4명만 되어도 토론이 가능하다. 참가자들은 두 단계만 토론하지만 설득과 합의를 배울 수 있다.

▲학생들이 4대 4로 피라미드토론을 하고 있다.

원탁토론의 절차와 진행 방식

원탁토론은 토론자의 의견이 다름을 인정하는 토의형 토론이다. 따라서 토론자들의 다양한 의견을 듣고 자신의 생각을 더 넓고 깊게 다듬는 데 효과적인 방법이다. 설득과 합의, 평등과 공정성을 체험하기에 좋다.

원탁토론의 자리 배치는 원형이 바람직하지만, 서로 얼굴을 모두 볼 수 있는 '디귿(ㄷ)자'나 '브이(V)자 형태도 괜찮다. 토의(1차 발언 2분)→논쟁(차수 발언 2분)→토의(마무리 발언 1분) 순서로 진행한다. 사회자는 시간을 재며 다음 차수를 알려 준다.

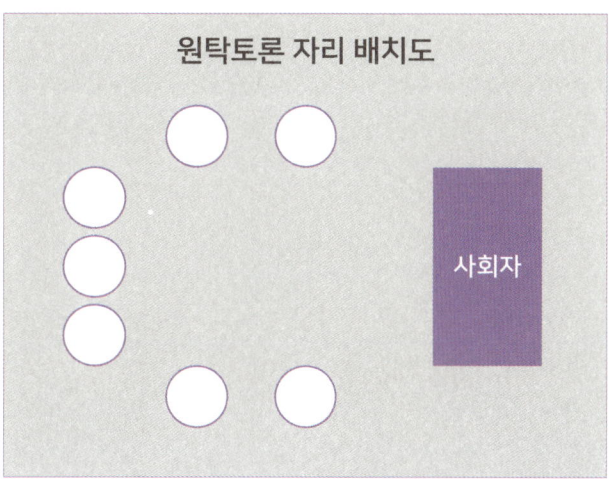

1차 발언에서는 토론자가 자신의 주장과 근거를 말한다. 모든 토론자는 순서에 상관없이 한 번씩 발언할 수 있다. 발언자가 없을 경우 이전 발언자가 다음 발언자를 지명한다.

차수 발언은 다른 토론자의 주장과 근거의 문제점을 지적하고 질문과 답변을 하는 방식이다. 2~4차 등으로 발언이 이어진다. 토론자들은 돌아가면서 반론과 질문을 한 뒤 답변은 다음 차수에 생각을 정리해 하는 것이 좋다.

▲원탁토론 대회에 참가한 초등학생들.

토론자들은 한 차수에 한 번만 발언한다. 차수를 바꾸면 모든 토론자들에게 다시 발언 기회가 주어진다. 마무리 발언에서는 모든 토론자가 그동안의 토론 내용을 종합하고 심화한다. 토론자는 자신의 생각이 토론 과정에서 달라졌을 경우 솔직하게 말해도 된다.

01 자기 주도 학습이란 무엇인가

▲초등학교에서 열린 자기 주도 학습 캠프에 참가한 학생들.

　우리나라의 초등학생들은 수학과 과학 성적은 세계 최상위권이지만, 학업 흥미도는 꼴찌를 맴돕니다. 자기 주도 학습이 안 되기 때문이죠. 자기 스스로 공부하지 않으면 성적은 좋아도 결국 학습에 흥미를 잃기 쉽습니다. 자기 주도 학습이 왜 중요한지, 자기 주도 학습을 어떻게 해야 하는지 탐구합니다.

🗒 이런 걸 공부해요

이슈 스스로 공부할 줄 알아야 성적 올라

◆ 성적 위주의 주입식 교육으로 학습 흥미 떨어져
◆ 학습 목표 스스로 정해 공부하는 것

토론 스스로 공부하는 방법

◆ 공부하는 이유부터 찾아야 자기 주도 학습 가능
◆ 흥미 가지고 스스로 공부… 한국사능력시험 1급 따내

이슈

스스로 공부할 줄 알아야 성적 올라

성적 위주의 주입식 교육으로 학습 흥미 떨어져

"부모님이 시켜서 공부해요."

"안 하면 혼나기 때문에 공부해요."

최근 초등학생 532명을 대상으로 '공부를 왜 하느냐'고 물었더니 절반 이상의 학생들이 대답한 내용이다.

이처럼 학생 스스로 하지 않고 수동적으로 공부하면, 쉽게 싫증을 느낄 수 있다. 실제로 국제교육성취도평가협회(IEA)는 '수학·과학 성취도 국제 비교 연구 결과'에서 우리나라의 초등학생과 중학생들이 조사 대상 49개국 가운데 과목 성적은 상위권이었지만, 흥미도는 꼴찌를 맴돌았다고 2017년 4월에 발표했다. 전문가들은 이 같은 결과가 나온 까닭이 입시 위주의 주입식 교육을 받은 결과 학생들이 공부에 흥미를 잃었기 때문으로 풀이했다.

▲우리나라는 교사가 중심이 되어 학생들에게 지식을 가르치는 주입식 교육을 벗어나지 못하고 있다.

우리나라 학생들은 자기 스스로 공부하기보다는 대개 부모님이나 학원 선생님의 일방적인 지시에 따른다. 하지만 스스로 공부하지 않으면 자신의 실력을 몰라 알맞은 공부 방법을 찾지 못한다. 이렇게 되면 공부할 내용이 많아지는 상급 학교로 갈수록 공부에 흥미를 잃어 성적도 떨어진다. 한국교육개발원의 조사에 따르면, 고등학교에서 성적 상위 10퍼센트(100 가운데 10) 안에 드는 학생들의 공통 비결은 스스로 공부하는 것이었다.

한국일보 기사 등 참조

이런 뜻이에요

국제교육성취도평가협회(IEA) 여러 국가들의 교육 제도를 비교하기 위해 만든 기구. 수학·과학 성취도를 비교하는 연구도 한다.

이슈

학습 목표 스스로 정해 공부하는 것

전문가들에 따르면 자기 주도 학습 능력은 초등학교 때부터 키워야 한다. 상급 학교로 올라갈수록 공부할 양이 크게 늘어나는데, 스스로 공부하는 습관이 잡힌 학생의 경우 성적이 좋게 나온다는 것이다.

자기 주도 학습이란 학습 목표를 정한 뒤 자신에게 알맞은 공부 방법을 찾아 실천하고, 결과까지 스스로 평가하는 것을 말한다. 필요하면 학원이나 과외를 이용할 줄 아는 것도 자기 주도 학습이다. 성적이 떨어지는 과목이 있을 경우 기초를 닦기 위해 필요한 기간만큼 학원에 다니는 것이다.

자기 주도 학습이 이뤄지면 자신에게 알맞은 공부 방법을 찾는 동안 자신의 장단점을 파악할 수 있다. 공부하면서 생기는 궁금증을 해결하는 과정에서 비판적인 사고력과 창의력도 키울 수 있다. 책이나 인터넷 강의, 교육 방송 등에서 공부에 도움이 되는 자료를 찾으며 정보 처리 능력을 키우고 배경 지식을 폭넓게 쌓을 수도 있다.

이처럼 어렸을 적부터 자기 주도 학습이 몸에 배면 사회에 나가서도 성공할 가능성이 크다. 직장에서 다른 사람의 지시 없이 필요한 정보를 스스로 선택하고, 맡은 일을 창의적으로 해 나갈 수 있기 때문이다.

한국일보 기사 등 참조

▲스스로 공부하는 능력은 성공의 바탕이 된다.

토론

스스로 공부하는 방법

공부하는 이유부터 찾아야 자기 주도 학습 가능

스스로 공부하는 버릇을 들이려면 공부하는 이유를 찾는 것이 먼저다. 장기적으로는 자신의 꿈이 무엇이고, 꿈을 이루기 위해 어떤 공부가 필요한지 알아야 하는 것이다.

꿈을 정했으면 장기 목표와 단기 목표를 세운다. 장기 목표는 1년이나 3년 단위로 짜는데, 진학할 학교를 정하거나 합격하고 싶은 시험을 정하는 것이 대표적이다.

단기적으로는 과목별 또는 요일별 학습 목표를 세워 단계별로 세분해 실천 계획을 짠다. 이때 스스로 공부 목표를 정하고 구체적인 실천 계획도 세워야 한다. 예

▲자기 주도 학습을 실천하려면 먼저 공부하는 이유부터 찾아야 한다.

를 들면 '수학 첫 단원 평가에서 80점 이상을 받는다'는 목표를 정했다면, 목표를 이루기 위해 '매일 1시간씩 수학 교과서에 나오는 문제를 꾸준히 푼다'처럼 구체적으로 접근하는 것이다. 그리고 1일 또는 1주일 단위로 계획을 잘 지켰는지 점검한다.

▲1주일 단위로 짠 단기 학습 계획표.

어렸을 적부터 시간 관리 습관을 들여 허투루 쓰는 시간을 없애는 일도 중요하다. TV 시청과 컴퓨터 사용 시간은 스스로 정하고 통제할 수 있는 능력도 기른다.

생활에서도 자기 주도력을 키울 수 있다. 사용한 물건은 제자리에 가져다 놓는다든지, 자기 방 정리는 스스로 하는 것 등이다. 숙제와 준비물도 스스로 챙긴다.

소년조선일보 기사 등 참조

토론

흥미 가지고 스스로 공부… 한국사능력시험 1급 따내

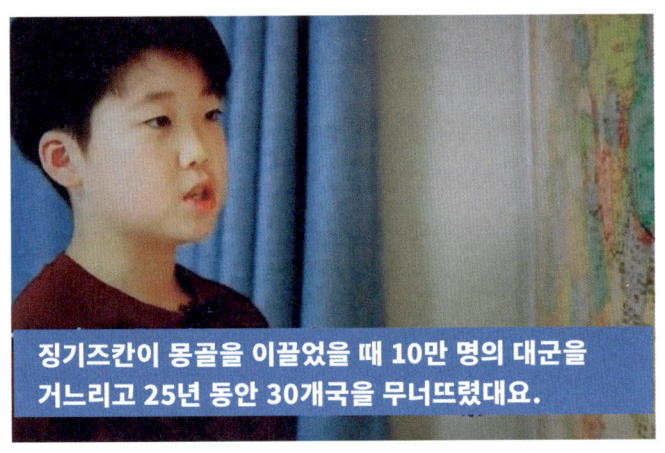

징기즈칸이 몽골을 이끌었을 때 10만 명의 대군을 거느리고 25년 동안 30개국을 무너뜨렸대요.

▲자기 주도 학습으로 역사를 공부한 박준태 군.

경기도 파주의 한 초등학교에 다니는 5학년 박준태 군은 우리나라 최고의 역사학자가 되는 게 꿈이다. 박 군은 매주 목요일 동네 도서관에서 초등학생을 모아 역사를 가르친다. 박 군은 역사와 세계사를 스스로 공부해 어른들도 어렵다는 한국사능력검정시험 1급과 세계사능력검정시험 중급을 땄다. 박 군은 지난 2011년 SBS에서 방송된 사극 '뿌리 깊은 나무'를 시청하다 역사에 흥미를 느꼈다. 그래서 역사책과 역사를 주제로 한 웹툰을 찾아 읽으며 배경 지식을 쌓았다. 책에 나오는 유적을 눈으로 직접 보려고 주말에는 부모님과 함께 유적지를 찾는다.

서울의 한 초등학교 6학년 송재근 군은 5학년 때부터 최연소 청소년문화해설사로 활동하고 있다. 송 군은 지금 영어와 중국어, 스페인어까지 유창하게 말할 수 있다. 초등학교 1학년 때 외국어 실력을 키워 외국인들과 대화를 하려는 목표를 세웠다. 그런 뒤 인터넷 화상 채팅을 통해 외국어를 했다. 그리고 외국어로 된 책을 읽으며 모르는 단어는 사전에서 찾아 외웠다. 송 군은 자신의 외국어 실력으로 청소년문화해설사에 도전해 합격했다. 송 군은 앞으로 외국어를 더 많이 공부해 세계적인 사업가가 되는 꿈을 꾸고 있다.

▲청소년문화해설사인 송재근 군이 외국인 관광객들에게 서울의 경복궁을 안내하고 있다.

소년조선일보 기사 등 참조

이런 뜻이에요

문화해설사 특정 지역 관광객들에게 해당 지역의 전문성을 바탕으로 역사, 문화, 먹을거리 등을 해설하는 사람.

생각이 쑤욱

1 아래 제시한 '자기 주도력' 점검표에서 자신에게 해당되는 항목에 표시하고, 고칠 점도 말해 보세요.

> ☐ 주의력이 부족하고 산만해 집중하지 못해요.
> ☐ 이해력이 부족해 잘 알아듣지 못해요.
> ☐ 무슨 일이든 흥미와 의욕이 없어요.
> ☐ 공부하라고 하면 화장실에 가고 싶어요.
> ☐ 매번 시키는 것만 하고 혼자서는 못해요.
> ☐ 학교나 학원에 가기를 싫어해요.
> ☐ 시험을 본다고 해도 긴장감이 없어요.
> ☐ 하고 싶은 일이나 꿈이 없어요.
> ☐ 스마트폰이나 컴퓨터 게임을 하면 멈출 수 없어요.

☞ 0~3개 : 자기 주도력이 뛰어나요/4~7개 : 자기 주도력을 조금만 더 기르세요/7개 이상 : 자기 주도력이 많이 부족합니다.

2 내가 공부를 하는 까닭은 무엇인가요?

3 학원에 다니거나 남에게 배우는 것도 자기 주도 학습의 한 방법인 까닭을 예를 들어 설명하세요.

머리에 쏘옥

자기 주도력이란

자기 주도력이란 목표를 세우고 계획을 짜서 실천하는 힘을 말합니다.

자기 주도력이 강한 사람은 자신을 믿고 어떤 일이든 긍정적으로 생각합니다. 여러 가지 일에 적극 참여도 합니다. 그리고 자신이 집중해야 할 일을 알고, 목표를 세워 계획적으로 일을 추진합니다. 어려운 일이 닥쳐도 피하지 않고 구체적인 해결책을 찾지요.

자기 주도력을 키우려면 스스로 고민하고 질문하는 습관을 길러야 합니다. 자신의 일을 자신이 결정하는 습관을 키우고, 배운 것을 자기 방법으로 적용할 수 있는 기회를 많이 가져야 합니다.

공부 잘하는 조건

공부를 잘하는 학생들의 공통점은 자신이 모르는 것이 무엇인지 정확히 안다는 것입니다. 이해하기 어려운 것은 알 때까지 노력하지요.

그리고 스스로 계획을 세울 줄도 압니다.

학습 효율성도 높습니다. 모르는 것을 끝까지 물고 늘어지는 집중력, 생각을 달리 해서 답을 찾는 창의력이 있는 것입니다.

생각이 쑤욱

4 미래 사회에서 성공하려면 자기 주도 학습 능력이 필요한 까닭을 1분 동안 말해 보세요.

▲미래 사회는 정보가 빠르게 추가되기 때문에 자기 주도 학습 능력이 꼭 필요하다.

머리에 쏘옥

미래 사회에서 요구되는 능력

▲미래 사회에서 성공하려면 어른이 되어서도 스스로 공부할 줄 알아야 한다.

　미래 사회에서 살아남으려면 창의력과 자기 주도력을 갖춰야 합니다.
　과거에는 사회의 변화 속도가 느려 지식의 수명이 비교적 길었습니다. 그래서 학교에서 배운 내용을 사회에서도 활용할 수 있었죠.
　하지만 미래 사회는 정보가 빠르게 추가되기 때문에 끊임없이 공부를 해야 합니다. 그러니 어른이 되어서도 자신이 필요한 분야를 찾아 공부해야 적응할 수 있지요.
　사회에서는 무엇을 공부해야 할지 알려 주지도 않고, 공부를 하지 않는다고 꾸짖지도 않습니다.
　미래 사회에서 성공하려면 자기 주도 학습 능력이 꼭 필요한 이유입니다.

5 행복이는 여러 차례 자기 주도 학습을 시도했지만 실패했어요. 행복이가 실패한 원인과 고쳐야 할 점을 조언하세요.

　행복이는 하루에 8시간씩 공부한다는 계획을 세웠다. 그리고 학교에서 배운 것을 복습하지 않고, 마음 내키는 대로 그날 공부하고 싶은 과목을 골라 문제를 풀었다. 싫증이 날 때까지 공부하다 지겨우면 다른 과목의 책을 펴는 식이었다. 침대에 누워 공부하다 잠이 든 적도 있고, 하루 종일 스마트폰 게임에 빠져 보낸 적도 있다. 공부를 잘하고 싶은 마음은 있지만 공부하는 목표도 없고, 장래 희망도 정하지 않았다.

생각이 쑤욱

6 나의 장기 목표와 단기 목표를 정하고, 구체적인 실천 계획도 세우세요.

내 삶의 목표 :	
올해의 목표	1. 책 50권 읽기 2. 3.
이 달의 목표	1주 : 책 1권 읽기 2주 : 3주 : 4주 :

이번 주에 해야 할 공부							
월	화	수	목	금	토	일
평가(잘 지켰으면 O, 못 지켰으면 X)							

7 자기 주도력을 기르기 위해 학교나 가정에서 내가 실천해야 할 생활 규칙을 만들어 보세요.

나만의 생활 규칙

1. 한 주에 세 시간 이상 컴퓨터 게임을 하지 않는다.
2.
3.
4.
5.
6.

머리에 쏘옥

학교에서 하는 자기 주도 학습

▲학교 수업 시간에 집중하는 것도 자기 주도 학습의 한 방법이다.

학교에서도 자기 주도 학습을 할 수 있습니다.

수업이 시작되기 전에 교과서를 보면서 그날 공부할 내용을 점검하고, 아는 내용과 모르는 내용으로 구분합니다. 그런 뒤 수업 시간에 교사가 모르는 부분을 설명할 때 더 주의 깊게 듣는 것이죠. 그래도 이해가 되지 않으면 질문지를 만들어 선생님께 묻거나 집에 와서 확인합니다. 수업이 끝나면 배운 내용을 알림장에 간단히 정리하면서 복습합니다.

집으로 돌아와서는 바로 숙제를 합니다. 학교에서 배운 내용이 기억날 때 하는 것이 효과적이기 때문이죠.

숙제가 끝나면 자율적으로 공부합니다. 어려운 문제를 풀거나 관심 분야의 책을 읽어도 좋습니다. 예를 들면 매주 월·수·금요일은 과학 잡지나 신문을, 화·목·토요일은 위인전이나 동화책을 읽습니다.

행복한 논술

우리나라 초등학생들은 수학과 과학 성적은 세계 최상위권이지만, 학습 흥미도는 꼴찌에 가깝습니다. 어렸을 적부터 스스로 공부하지 않고 부모나 학원 선생님에게 떠밀려 공부하기 때문입니다. 자기 스스로 계획을 세워 공부하는 습관을 들이지 않으면 문제 해결 능력이 떨어져 사회에 나가서도 성공하기 어렵습니다. 자기 주도 학습을 실천하려면 자신의 꿈을 정하고 달성 계획을 세워 실천해야 합니다.

우리나라 초등학생들이 자기 주도 학습을 하지 못하는 까닭을 설명하고, 스스로 공부하는 습관을 들이는 방법을 논술하세요(500~600자).

02 곤충 먹어 보셨나요

▲전북 완주의 국립농업과학원에서 열린 여름곤충생태학교에서 초등학생들이 갈색거저리와 귀뚜라미 등 곤충 요리를 맛보고 있다.

식용 곤충이 미래 식량으로 떠올랐습니다. 영양분이 풍부한데다, 환경 오염이 적기 때문이지요. 하지만 우리 국민은 식용 곤충에 대한 거부감이 큽니다. 곤충이 징그럽고 비위생적이라고 생각하기 때문이죠. 식용 곤충의 장점을 알고, 곤충 식품을 인기 있게 만드는 방법을 공부합니다.

◾ 이런 걸 공부해요

이슈 식용 곤충이 미래 식량으로 떠올라

- ◆ 고기보다 단백질 풍부… 거부감 가진 사람 많아
- ◆ 식용 곤충 왜 주목받나

토론 식용 곤충 인기 있게 만들려면…

- ◆ 건강 식품이라는 점 알리고, 여러 요리법 개발해야
- ◆ 식용 곤충으로 어떤 식품 만드나

이슈 식용 곤충이 미래 식량으로 떠올라

고기보다 단백질 풍부… 거부감 가진 사람 많아

"누에는 녹차처럼 쌉싸름한 맛이 나요. 메뚜기는 바삭바삭하고 고소해요. 그래서 자꾸만 손이 가요."

2015년에 서울의 중구 신당동에 문을 연 우리나라 최초의 곤충 요리 전문점인 '빠삐용의 키친'. 이 음식점에는 요즘 곤충 요리에 호기심이 가득한 어린이 손님이 많아졌다. 정부가 2020년까지 식용 곤충산업을 적극 키우겠다고 2016년 4월에 발표했기 때문이

▲어린이 손님들이 식용 곤충 전문 음식점인 빠삐용의 키친을 찾았다.

다. 인기를 많이 끄는 메뉴는 메뚜기를 액체로 만들어 요리한 '라이스 고로케'였다.

벌레를 어떻게 먹느냐고 거부감을 나타내는 사람들이 많다. 하지만 식용 곤충은 일반 육류보다 단백질도 많이 들어 있고, 영양가가 풍부하다고 알려져 있다.

그래서 유엔이 인류의 미래를 구할 식량으로 곤충을 꼽은 것이다. 세계의 인구는 계속 느는데, 가축의 고기나 곡물만으로는 식량이 부족하기 때문이다.

중국과 태국 등 세계 여러 나라에서 20억 명이 1990여 종의 곤충 요리를 즐기지만, 우리나라는 아직 걸음마 단계다. 먹을 것이 많은데 거부감을 참아가면서까지 먹을 이유가 없다고 여기기 때문이다. 따라서 정부에서 식용 곤충의 장점과 안전성을 널리 알리고, 거부감을 줄이는 노력이 필요하다.

소년한국일보 기사 등 참조

▲곤충을 이용해 만든 여러 가지 요리.

이슈

식용 곤충 왜 주목받나

곤충을 무서워하거나 징그럽다고 생각하는 사람이 적지 않다. 곤충을 더럽다고 느끼거나, 병을 옮긴다고 생각하는 사람도 있다. 이러한 선입견 때문에 우리 국민은 선뜻 곤충을 먹으려 하지 않는다. 이에 비해 태국이나 중국 등 세계 여러 나라는 오래전부터 다양한 곤충들을 여러 가지 방법으로 요리해 먹었다.

사람들의 거부감을 줄일 수 있다면 곤충은 식량으로 장점이 적지 않다. 소나 돼지 등 일반 육류보다 단백질 함량이 2배 이상 많으며, 지방 외에도 육류에는 없는 미네랄과 섬유질 등의 영양분도 풍부하다.

곤충은 몸집이 작아 기르는 데 공간도 많이 차지하지 않는다. 성장 속도도 무척 빨라 다 자라기까지 짧으면 2개월, 길면 8개월이 걸린다. 번식 횟수도 1년에 3~4차례여서 수를 빠르게 늘릴 수 있다.

사료와 물도 적게 먹는다. 단백질 1킬로그램을 얻으려면 소는 25킬로그램의 사료가 필요하지만, 곤충은 2.1킬로그램만 들어가면 된다. 그리고 소의 단백질 1킬로그램을 얻으려면 1만 5400리터의 물이 필요한데, 곤충은 최대 370리터만 필요하다.

▲좁은 공간에서 선반을 여러 층 만들어 식용 곤충을 기르는 곤충 농장.

식용 곤충의 장점	
영양가	단백질과 불포화지방산, 비타민, 무기질 풍부
환경 보호	가축 사육 증가로 이산화탄소와 메탄가스 등 온실가스 배출 증가. 기후 변화로 식량 생산에 악영향
대체 식량	세계 인구(2050년까지 97억 명 예상) 증가에 따른 식량 부족에 대비
물발자국	가축을 기를 때보다 물은 5분의 1, 사료는 3분의 1~20분의 1, 이산화탄소 배출은 3분의 1로 감소

동아일보 기사 등 참조

이런 뜻이에요

선입견 인물이나 사물 등에 미리 접한 정보나 지식 때문에 만들어진 생각.
미네랄 사람이 건강을 유지하는 데 필요한 광물성 영양분.
불포화지방산 실온(섭씨 15도 정도)에서 액체 상태의 지방을 말하며, 심장병 등 여러 질병을 막아 건강에 도움을 준다.
물발자국 제품을 만드는 데 쓰인 물의 양.

토론

식용 곤충 인기 있게 만들려면…

건강 식품이라는 점 알리고, 여러 요리법 개발해야

식용 곤충에 대한 거부감을 줄이려면 식품 원료로 사용하나 요리할 때 곤충의 모습이 그대로 드러나지 않도록 하는 것이 좋다. 예를 들어 곤충을 가루나 액체로 만들면 된다. 갈색거저리 애벌레 가루는 수제비와 볶음밥 등에 이용된다. 이들 친숙한 음식에 곤충 가루를 넣으면 영양가가 높아질 뿐 아니라 식용 곤충에 대한 거부감을 줄일 수 있다.

식용 곤충을 자주 접할 수 있는 기회도 만들어야 한다. 예를 들면 사람이 많이 모이는 곳에 체험 부스를 만들고, 곤충으로 만든 요리를 먹어 보도록 한다.

새로운 곤충 요리법을 겨루는 대회를 열거나, TV 요리 프로그램에서 곤충 요리를 다루는 것도 효과적이다. 흔히 쓰는 요리 재료를 곤충으로 바꾸는 방법을 안내해도 좋다. 크림 치즈 대신 장수풍뎅이 애벌레를 넣는다거나 새우 대신 갈색거저리 애벌레를 넣는 것이다. 요리를 홍보하는 과정에서 곤충이 건강 식품임도 알린다.

사람들이 안심하고 곤충 요리를 먹을 수 있도록 하는 일도 중요하다. 기준을 엄격하게 세워 깨끗한 환경에서 안전하게 기른 곤충만 식품으로 팔게 하고, 알레르기를 일으키는 성분이 들어 있으면 포장에 꼭 표시하게 만든다.

어린이동아 기사 등 참조

이런 뜻이에요

크림 치즈 크림과 우유를 섞어 만든 치즈.
알레르기 몸에서 어떤 특정 물질에 대해 보이는 과민 반응.

▲'곤충산업전시회'에서 어린이들이 곤충 요리를 맛보고 있다.

토론

식용 곤충으로 어떤 식품 만드나

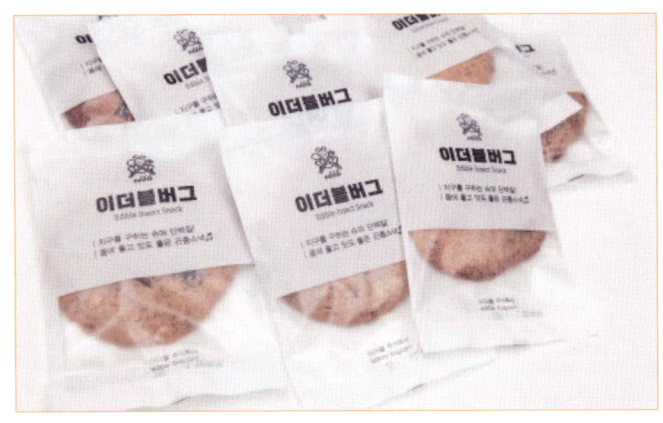
▲이더블버그에서 만든 곤충 쿠키.

우리나라도 이제는 마트에서 갈색거저리 애벌레와 쌍별귀뚜라미 등 식용 곤충 자체를 살 수 있게 되었다. 정부가 2016년 3월부터 허가했기 때문이다.

그리고 '빠삐용의 키친'처럼 곤충 요리 전문점이 인기를 끌 듯, 곤충으로 만든 과자와 음료수도 마트와 인터넷 쇼핑몰에서 팔리고 있다. 특히 땅콩과 호두에 갈색거저리 애벌레를 섞어 만든 과자는 인기다. 2015년 8월에 문을 연 '이더블버그'의 제품인데, 이 회사는 식용 곤충을 가루로 만들어 음식에 섞기도 하지만, 곤충의 모양을 그대로 살려 사람들의 거부감에 맞서기도 한다. 곤충으로 만든 식품을 먹어 본 사람들은 10명 가운데 9명은 만족하고, 5명이 다시 주문한다고 한다.

곤충을 잘 먹지 않던 미국이나 유럽에서도 식용 곤충에 관한 관심이 높아지며 곤충을 원료로 만든 식품이 계속 나오고 있다. 미국에서는 이미 식용 곤충을 원료로 한 에너지바가 운동선수나 다이어트를 하는 사람들 사이에 날개 돋친 듯 팔리고 있다. 프랑스에서는 메뚜기와 개미로 만든 통조림이, 영국에서는 꿀벌을 올린 커스터드푸딩이나 메뚜기가 들어간 타코 등이 나와 있다. 네덜란드에서는 메뚜기와 귀뚜라미를 가루로 만들어 파는데, 여러 가지 음식에 넣을 수 있어 쓰임이 많다.

▲미국에서 귀뚜라미로 만든 에너지바.

소년한국일보 기사 등 참조

이런 뜻이에요

에너지바 귀리, 콩, 콘시럽 등을 범벅해 만든 캔디.
커스터드푸딩 설탕과 달걀, 우유 등을 넣어 쪄서 만든 과자.
타코 고기, 치즈, 양상추 등을 넣고 튀긴 옥수수빵으로, 멕시코 요리.

생각이 쑤욱

1. 사람들이 곤충 식품을 먹으려 하지 않는 이유는 무엇일까요?

2. 식용 곤충이 쇠고기나 돼지고기보다 좋은 점을 세 가지만 말해 봐요.

3. 사람들이 쌍별귀뚜라미와 장수풍뎅이 애벌레를 친근하게 느낄 수 있도록 각 곤충의 특징을 참고해 이름을 새로 짓고, 그렇게 이름을 지은 까닭도 말해 보세요.

▲영양가 풍부한 쌍별귀뚜라미는 볶아 먹기에 좋다. 맛이 고소하고, 씹을 때 바삭바삭한 느낌이 든다.

▲장수풍뎅이 애벌레는 치즈처럼 맛이 진하고, 음식에 넣으면 고소한 맛이 강하게 느껴진다.

머리에 쏘옥

식용 곤충의 새 이름 짓기

'고소애'나 '꽃벵이'는 언뜻 과자나 빵 이름 같지만, 딱정벌렛과의 갈색거저리와 흰점박이꽃무지 애벌레(굼벵이)의 새로운 이름입니다. 농촌진흥청은 징그러운 벌레라는 거부감을 없애고, 친숙하게 곤충을 대할 수 있도록 공개 모집을 통해 이름을 바꿨지요.

농촌진흥청은 2016년 3월에 쌍별귀뚜라미와 장수풍뎅이 애벌레의 이름을 친근하게 바꾸는 공모전을 열어 '쌍별이'와 '장수애'로 정했습니다.

곤충을 식량화하면 환경에도 도움

곤충은 기를 때 소나 돼지 등 가축보다 환경에 끼치는 해가 적습니다.

가축을 기르려면 사료용 곡물 재배에 필요한 땅을 확보하기 위해 숲을 파괴해야 합니다. 곤충은 사료를 적게 먹기 때문에 그럴 필요가 없지요.

그리고 가축의 방귀나 트림에서 나오는 메탄가스는 세계 전체 온실가스 배출량의 5분의 1을 차지합니다. 이에 비해 곤충은 100분의 1밖에 되지 않지요.

▲소를 키우는 목장.

생각이 쑤욱

4 가정에서 식용 곤충을 넣어 만들고 싶은 나만의 음식을 한 가지만 들고, 요리 방법과 영양가도 자랑해 보세요.

☞ 귀뚜라미 볶음밥 : 나는 고기를 싫어해서 몸이 마른 편이다. 그래서 귀뚜라미를 바삭하게 볶아 가루를 낸 뒤 밥에 넣고 함께 볶아 먹을 것이다. 그럼 고기를 먹지 않고도 단백질을 보충할 수 있다.

5 아래 글을 참고해 사람들이 낯선 음식에 거부감을 느끼는 까닭과 국가나 지방들이 음식 문화가 달라도 서로 존중해야 하는 까닭을 1분 동안 말해 보세요.

> 아시아에서는 낙지나 오징어를 즐겨 먹는다. 하지만 유럽에서는 낙지나 오징어처럼 다리가 많고 빨판이 있는 해산물은 먹지 않는다. 악마처럼 생겼다고 여기기 때문이다. 프랑스인들은 달팽이 요리를 즐기지만, 옆 나라인 독일은 달팽이가 징그럽다고 생각해 프랑스인들을 이상하게 생각한다. 중국의 한 지방에서는 뱀을 많이 먹는데, 이웃 지방에서는 다리도 없는 뱀을 먹는다며 그 지방 사람들을 야만인이라고 무시한다.

머리에 쏘옥

우리나라의 식용 곤충

우리나라에서 식용으로 인정된 곤충은 7종류입니다. 갈색거저리 애벌레와 쌍별귀뚜라미 외에도 메뚜기, 누에번데기, 흰점박이꽃무지 애벌레, 장수풍뎅이 애벌레 등이지요.

식용 곤충으로 환자 치료용 식품 개발

▲곤충으로 만든 환자 치료용 식품.

식용 곤충을 연구하는 농촌진흥청과 세브란스병원은 식용 곤충을 이용한 환자 치료식을 개발해 2016년부터 병원 식단에 내놓고 있습니다.

소화 능력이 떨어져 고기를 먹기 어려운 환자들에게 소화하기 쉬운 곤충 단백질을 먹이려는 생각이지요.

농촌진흥청은 현재 7종의 식용 곤충을 2018년까지 10종으로 늘린답니다. 그리고 이들 곤충을 이용해 암 환자나 위장병 환자 등을 위한 의료용 식품을 개발한다는 계획입니다.

6 어린이를 위한 곤충 요리를 만들어 시식회를 가지려고 해요. 반 친구들을 초대하는 초대장을 만들어 보세요.

7 곤충 식품에 대한 거부감을 줄일 수 있는 나만의 아이디어를 한 가지만 구체적으로 내세요.

머리에 쏘옥

식용 곤충도 마트에서 살 수 있어요

정부는 2016년 3월부터 갈색저거리 애벌레와 쌍별귀뚜라미를 일반 식품 원료로 인정했습니다. 그리고 2017년부터는 흰점박이꽃무지 애벌레(꽃벵이)와 장수풍뎅이 애벌레(장수애) 등 곤충 2종도 일반 식품 원료로 추가되었습니다. 쇠고기나 돼지고기처럼 시장에서 이들 식용 곤충을 요리 재료로 살 수 있게 된 것이죠.

2015년까지만 해도 정부에 신청해서 허가를 받은 사람만 이들 곤충을 식품 원료로 사용할 수 있었습니다.

그런데 정부가 식용 곤충 시장을 키우기 위해, 세계적으로 인기가 있고 안전성이 확인된 이들 곤충 4종을 일반 식품 원료로 인정한 것이지요.

▲현재 마트에서 살 수 있는 누에 번데기 통조림.

> 행복한
> 논술

곤충이 미래를 책임질 새로운 식량으로 떠올랐습니다. 영양분이 풍부한데다 성장 속도가 빨라 수를 늘리기 쉽고, 물과 사료를 적게 먹어 경제적이기 때문이죠. 그런데 우리 국민은 곤충이 징그럽고 더럽다는 생각 때문에 곤충 식품에 거부감이 강합니다. 따라서 곤충을 액체나 가루로 만들어 식품 원료로 사용하는 등 거부감을 줄일 수 있는 방법 개발이 필요합니다. 새로운 요리법도 만들고, 곤충 요리를 자주 접할 수 있는 기회도 열어 줘 식용 곤충을 친하게 만들 필요도 있지요. 무엇보다 곤충이 안전하다고 믿고 먹을 수 있게 나라에서 철저히 관리해야 합니다.

우리 국민들이 식용 곤충을 꺼리는 까닭은 무엇이며, 어떻게 하면 곤충 식품이 인기를 끌게 할 수 있을지 말해 보세요(500~600자).

03 실패도 자산이다

▲미국의 발명가 토마스 에디슨(1847~1931). 거듭된 실패에도 포기하지 않고 노력해 전구 등 여러 가지 발명에 성공했다.

실패를 두려워하는 어린이가 늘고 있습니다. 어릴 적부터 실패를 두려워하면 새로운 일에 도전할 용기를 내지 못합니다. 그리고 한 번의 실수로 좌절하기 쉽습니다. 실패는 성공의 밑거름이 됩니다. 어린이들이 왜 실패를 두려워하는지 알아보고, 실패를 딛고 성공할 수 있는 방법을 탐구합니다.

▣ 이런 걸 공부해요

이슈 실패를 두려워하면 성공도 없다

- ◆ 실패가 두려워 도전하지 못하는 어린이 늘어
- ◆ 왜 실패를 두려워하게 되었나

토론 실패를 딛고 성공하는 방법

- ◆ 목표부터 잘 세워야… 실패 원인 알고 재도전 필요
- ◆ 잡스는 실패 거듭해 자기 회사에서 쫓겨나기도

이슈 | 실패를 두려워하면 성공도 없다

실패가 두려워 도전하지 못하는 어린이 늘어

한 신문은 2016년 8월 브라질에서 열린 리우올림픽에서 실패를 딛고 성공한 선수들의 사례를 '칠전팔기'라는 말로 소개했다. 일곱 번 쓰러져도 여덟 번 일어난다는 얘기다. 양궁의 장혜진(1987~) 선수는 국가대표를 뽑는 경기에서 여러 차례 떨어졌다. 하지만 포기하지 않고 끝까지 도전해 국가대표로 뽑혔고, 리우올림픽에 나가서 금메달을 두 개나 땄다. 레슬링의 김현우(1988~) 선수는 8강전에서 졌지만, 포기하지 않고 패자부활전에 나가 동메달을 땄다.

▲리우올림픽 양궁에서 두 개의 금메달을 딴 장혜진 선수.

실패를 두려워하지 않는 자세는 운동선수뿐 아니라 모든 사람에게 필요하다. 그런데 실패를 두려워하는 초등학생이 갈수록 늘고 있다. 서울시교육청과 한 신문사가 서울의 초등학생들에게 물었더니, 절반 이상이 '실패하는 것보다 도전하지 않는 것이 낫다'고 대답했다. '실패하면 끝이라는 생각이 들어 무서운가?'라는 질문에도 10명 가운데 4명이 '그렇다'고 답변했다.

한국일보 기사 등 참조

▲리우올림픽 레슬링에서 동메달을 딴 김현우 선수.

이런 뜻이에요

패자부활전 이긴 사람(또는 단체)끼리 겨뤄 우승을 정하는 시합에서 탈락한 사람에게 다시 경기에 참가할 기회를 주는 시합.

이슈

왜 실패를 두려워하게 되었나

▲꾸준한 연습을 통해 뜀틀을 뛰어넘듯 실패를 뛰어넘으면 성공할 수 있다.

학교 오케스트라에서 플루트를 맡고 있는 행복이는 학교 음악 수행 평가 때 단소를 불었는데, 가장 낮은 점수를 받았다. 새로운 악기에 도전해 며칠 동안 연습했지만, 그 과정은 점수에 들어가지 않은 것이다.

우리나라 학교는 결과만 중요하게 평가하기 때문에 실패를 무릅쓰고 새로운 분야에 도전한 학생보다는, 1등을 한 학생만 인정한다. 따라서 학생들은 다양한 경험에 도전하기보다는 자신이 잘할 수 있는 일만 시도한다. 이렇게 되면 어렸을 적부터 도전 의지가 약해져 경험의 폭이 좁아지고, 자신의 적성 파악도 어렵다.

'어렸을 적의 실패는 일부러도 겪는다'는 서양의 속담처럼 실패는 살면서 항상 겪어야 하는 과정이다. 그런데 우리나라의 경우 경쟁이 심해지면서 한 번의 실패로 다시 기회를 얻지 못하는 사람이 늘었다. 1등만 인정하는 사회 분위기 때문이다. 이렇게 되니 도전하는 과정은 아무런 가치도 없고, 2등조차도 패배자로 취급당한다.

에디슨은 "실패는 성공의 어머니."라는 말을 남겼다. 실패를 통해 배우는 과정에서 성공을 이룰 수 있다는 말이다. 어떤 일에 도전해서 실패해도 자신이 할 수 있다고 믿고, 다시 실패하지 않도록 배우는 과정을 거치면 성공할 가능성이 그만큼 커지는 것이다.

소년한국일보 기사 등 참조

> 토론

실패를 딛고 성공하는 방법

목표부터 잘 세워야… 실패 원인 알고 재도전 필요

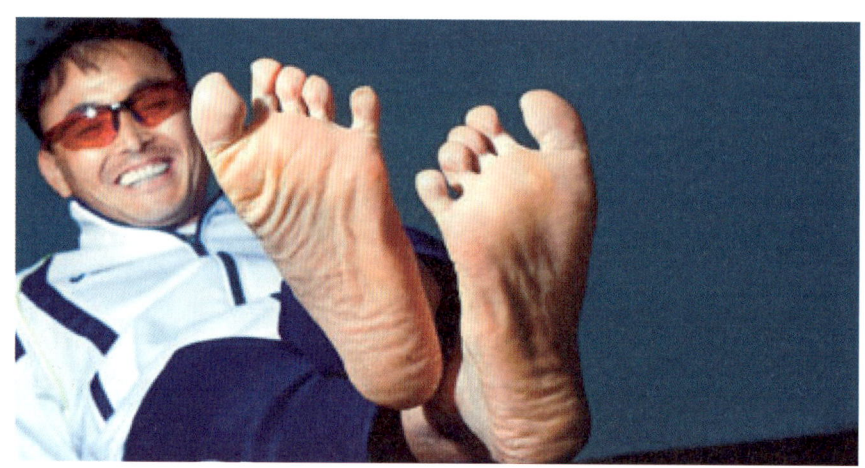

▲이봉주 선수가 마라톤 선수에게는 큰 약점인 자신의 평발을 보여 주고 있다.

전문가들은 학교에서 실패했을 때 잘못했다며 나무라지 말고, 극복 방법부터 가르쳐야 한다고 말한다. 학생들에게는 눈앞의 작은 성공보다는 도전과 경험의 가치가 더 소중하기 때문이다.

실패했을 때는 먼저 원인을 분석하고 고칠 점을 찾아야 한다. 원인을 알면 다른 방법으로 새롭게 도전할 수 있기 때문이다. 원인을 분석할 때는 일의 과정을 단계별 또는 시간별로 나누고, 그때로 돌아간다면 어떻게 했을지 비교할 경우 실수한 부분을 쉽게 찾을 수 있다.

실패를 딛고 성공한 인물의 사례를 책이나 신문에서 찾아 어떻게 실패를 극복했는지 교훈으로 삼아도 된다. 주변 사람들에게 실패한 경험을 말한 뒤 조언을 들어도 위로를 받아 좌절감에서 쉽게 벗어날 수 있다.

성공할 확률을 높이려면 목표를 뚜렷이 정하고, 실천 방법을 치밀하게 마련하는 일도 중요하다. 마라톤의 이봉주(1970~) 선수는 평발에 짝발이라는 큰 약점을 갖고 있었지만, 세계적인 선수가 되겠다는 목표를 정했다. 그리고 자기에게 맞는 연습 방식을 찾아 노력한 끝에 꿈을 이룰 수 있었다.

언론에서도 실패를 딛고 일어선 인물의 사례를 많이 알려야 한다. 그래야 실패해도 도전의 용기를 얻고, 성공의 희망을 품을 수 있기 때문이다.

동아일보 기사 등 참조

이런 뜻이에요

평발 발바닥의 안쪽의 아치 모양을 이룬 부분이 변형되어 편평하게 된 발.

토론

잡스는 실패 거듭해 자기 회사에서 쫓겨나기도

미국의 스티브 잡스(1955~2011)는 애플을 세우고 스마트폰인 아이폰을 만들어 크게 성공했다. 그러나 그는 회사를 세운 지 10년 만에 자기 회사에서 쫓겨나야 했다. 스스로 아이디어를 내 만든 제품들이 계속 실패하는 바람에 해고당한 것이다. 잡스는 나중에 "애플에서 실패한 경험은 내 인생 최고의 사건이었다. 성공이라는 부담을 벗고 마음껏 도전할 수 있게 되었으니까 말이다."라고 밝혔다. 그는 다시 도전해 성공을 거둔 뒤 애플에 복귀해 아이폰을 만들었다.

▲아이폰을 만든 스티브 잡스.

세계적인 베스트셀러인 『해리 포터』 시리즈의 작가인 영국의 조안 롤링(1965~)도 좋지 않은 환경에서 실패를 딛고 일어섰다. 그는 2008년 미국 하버드대 졸업식 때 한 기념 연설에서 "몸을 사리고 조심하면 실패를 면할지는 몰라도 그렇게 사는 것 자체가 실패

▲『해리 포터』 작가 조안 롤링.

다."라고 강조했다. 그는 결혼에 실패했고, 일을 구하는 데 실패했으며, 더 이상 가난하기 어려울 정도로 가난했다고 말했다. 처음에 출판사는 '해리 포터' 원고를 보고 잘 팔리지 않을 것으로 생각해 책으로 펴내기를 거절했다. 그러나 그는 좌절하지 않고, 자신의 원고에서 고쳐야 할 점을 찾아내 여러 번 고친 끝에 베스트셀러로 만들었다.

소년한국일보 기사 등 참조

생각이 쑤욱

1 어린이들이 실패를 두려워하는 까닭은 무엇인가요?

2 실패를 두려워해 잘하는 것만 계속한다면 어떤 문제가 생길지 세 가지만 들어보세요.

3 2000번이 넘는 실패 끝에 전구 발명에 성공한 에디슨은 "나는 2000번 실패한 것이 아니라, 2000번의 단계를 거쳐 전구를 발명한 것."이라고 말했어요. 에디슨은 왜 2000번이 넘는 자신의 실패를 실패라고 생각하지 않은 걸까요?

머리에 쏘옥

산악인 엄홍길의 도전과 실패

산악인 엄홍길(1960~)은 2007년까지 세계 최초로 히말라야산맥의 8000미터가 넘는 산 16개를 모두 오르는 데 성공했습니다.

엄홍길은 이 같은 성공의 비결로 '실패'를 들었습니다. 그는 "모두들 내가 세계 최초로 성공한 것만 생각하지 38번 실패한 것은 모른다. 그러나 나를 만든 것은 실패."라고 강조했습니다.

실패를 통해 자신이 목표 달성을 간절히 원한다는 사실을 확인하고, 성공을 준비했답니다. 성공만 계속되었다면 자만심이 들어 크게 사고를 당했을지도 모를 일이었죠. 하지만 일찍 실패를 경험했기 때문에 자신을 돌아볼 기회를 얻었다는 것입니다.

▲히말라야산맥에 있는 칸첸중가(8586미터)에 오른 엄홍길.

생각이 쑤욱

4 아래 제시한 것은 실패에 관련된 명언들입니다. 각각 어떤 뜻인지 생각해 보세요.

실패는 성공의 어머니다

사람은 누구나 실패 앞에서는 평범한 사람이다

성공보다 오히려 실패에서 많은 지혜를 배운다

5 실패를 줄이려면 목표를 분명하게 세우고, 그 목표를 이루기 위해 철저한 준비가 필요합니다. 내가 학교에서 이루고 싶은 목표 한 가지를 정해서 실천 계획서를 만들어 보세요.

☞다툰 친구와 화해하는 일, 시험에서 성적을 올리는 일, 줄넘기 횟수를 늘리는 일 등 다양한 목표가 있습니다.

목표	
필요한 능력	
지금 나의 능력과 부족한 점	
실천 방법	

머리에 쏘옥

실패와 관련된 명언

▲푸시킨

러시아의 작가 푸시킨(1799~1837)은 "사람은 누구나 실패 앞에서는 평범한 사람이다."라고 말했습니다. 사람은 신이 아니므로 실패를 경험할 수밖에 없으니, 실패했다고 실망하거나 좌절하면 안 된다는 뜻이죠.

영국의 작가 사무엘 스마일즈(1812~1904)는 "성공보다 오히려 실패에서 많은 지혜를 배운다."고 했습니다. 실패한 뒤 자신을 돌아보는 과정에서 실수와 고칠 점을 발견할 수 있기 때문입니다.

▲사무엘 스마일즈

왜 실패할까

전문가들은 실패하는 원인을 먼저 노력 부족에서 찾습니다. 노력이 충분해도 목표가 불분명하면 필요한 준비가 무엇인지 알 수 없습니다. 능력 밖의 일을 해도 실패합니다. 또 자신을 과대 평가 해도 실패하기 쉽죠. 목표도 확실하고 능력도 있는데, 때가 맞지 않아 실패하는 사례도 있습니다

생각이 쑤욱

6 다음 중 한 가지 상황을 골라 실패를 겪은 친구를 위로하고, 실패를 극복하기 위한 방법을 알려 주세요(1분).

- 학급 회장 선거에서 떨어진 친구
- 피아노 연주회에서 큰 실수를 한 친구
- 시험 성적이 크게 떨어진 친구

7 내가 희망하는 직업에서 성공한 사람을 한 명만 골라 어떤 실패를 했고, 어떻게 극복했는지 분석하세요.

이름	
직업	
실패한 경험	
극복 방법	

머리에 쏘옥

실패에서 태어난 포장지 '뽁뽁이'

'뽁뽁이'로 불리는 에어캡은 깨지기 쉬운 물건을 포장하는 데 쓰입니다.

그런데 에어캡은 1957년 미국의 발명가 알프레드 필딩과 스위스의 발명가 마크 샤번이 벽지로 쓰려고 함께 개발했습니다. 그러나 인기를 끌지 못해 사업에 실패했습니다.

둘은 좌절하지 않고 에어캡을 이용해 비닐하우스를 만드는 사업을 벌였죠. 그런데 일반 비닐보다 값이 비싸 또 실패했습니다.

이번에는 에어캡을 포장지로 시장에 내놨습니다. 올록볼록한 공기층이 있어 충격을 흡수하기에 좋을 거라는 판단에서였죠.

결국 두 사람의 생각은 맞아떨어졌고, 에어캡 포장지는 날개 돋친 듯 팔렸습니다.

다른 각도에서 생각하고 포기하지 않는 자세가 성공을 부른 것입니다.

▲에어캡

행복한 논술

실패를 두려워하는 어린이들이 늘어나고 있습니다. 학교든 사회든 1등만 인정하는 분위기가 강해 실패한 사람을 패배자로 보기 때문입니다. 실패했다고 좌절하거나 도전을 포기하면 안 됩니다. 실패의 경험이 없으면 자기 능력을 점검하기도 어렵고, 다양한 문제 해결 능력을 기를 수도 없습니다. 실패를 성공의 밑거름으로 삼으려면 그 원인을 분석하고 개선할 점을 찾아야 합니다. 목표를 분명하게 정하고 거기에 맞는 방법을 찾아 끈기 있게 노력하는 자세도 필요합니다.

어린이들이 실패를 두려워하는 까닭을 설명하고, 실패를 성공의 밑거름으로 삼으려면 어떤 자세가 필요한지 논술하세요(500~600자).

04 교과서 한자 병기 찬반 논쟁

▲초등학교 학생들이 국가 공인 한자 자격 시험을 치르고 있다.

2019년부터 초등학교 5~6학년 사회와 도덕 등 교과서에 한자를 병기한다고 합니다. 이에 찬성하는 사람들은 한자를 함께 적으면 학습 효과가 커지고 어휘력이 늘어난다고 말합니다. 반대하는 사람들은 배우는 양이 늘고, 사교육을 부추기는 꼴이라고 맞섭니다. 한글과 한자의 특징을 살펴보고, 한자를 병기했을 때의 장단점을 공부합니다.

이런 걸 공부해요

이슈 한글과 한자 어떤 관계일까

◆ 초등 교과서 한자 병기 찬반 논쟁 불붙어
◆ 한글과 한자의 관계

토론 한자 병기 이렇게 생각한다

◆ "학습 효과 좋아지고 뜻 파악도 쉬워져"
◆ "학습 부담 늘고 사교육으로 내몰 수도"

이슈: 한글과 한자 어떤 관계일까

초등 교과서 한자 병기 찬반 논쟁 불붙어

교육부가 초등학교 5~6학년 교과서에 나오는 용어 이해에 도움을 주기 위해 한자 300자를 선정해 2019년부터 병기한다고 밝히자, 반대 목소리가 높아지고 있다.

특히 초등학교 교사를 길러 내는 전국의 교육대학교 교수들은 교육부에 한자 병기 방침을 거두어들이라고 요구했다. 교과서 한자 병기가 법에도 어긋날 뿐만 아

▲한글과 한자를 병기한 1960년대 초등학교 교과서.

니라, 우리말의 소중함을 잃게 하고 발전을 가로막을 것이라는 이유 때문이다. 또 한자가 교과서에서 사라진 뒤에도 초등 교육에는 불편이 없었다며, 한자 사교육을 부추기고 학습량만 늘어날 뿐이라고 주장했다.

교육부는 1970년부터 교과서에서 한자를 빼고 한글만 사용하도록 했다. 읽고 쓸 줄 모르는 사람을 줄이고 학생들의 한자 학습 부담을 덜어 주기 위해서였다. 그런데 갈수록 학생들이 한자를 배웠던 과거 세대보다 어휘력이 떨어지기 때문에 초등 과정부터 기초 한자를 배우게 한다는 것이다.

교과서에 한자가 병기될 경우 과학 교과서에 나오는 '구근'이라는 단어에 한자로 '球根'을 함께 쓰는 식이다. 이 단어를 보면 '둥글 구'(球)에 '뿌리 근'(根)자를 쓰니 '뿌리가 둥근 식물'임을 금세 알 수 있다. 사회나 도덕 교과서도 마찬가지다.

한겨레 기사 등 참조

이런 뜻이에요

병기 나란히 함께 적음.
어휘력 단어의 뜻을 알고 활용할 수 있는 능력.

이슈

한글과 한자의 관계

우리나라는 1446년 세종(재위 1418~50) 임금이 한글을 만들어 내놓기 전까지는 중국의 한자를 빌려 우리말을 기록했다.

우리보다 선진국이었던 중국이 한자를 사용했기 때문에 그 나라의 문물을 받아들이려면 한자를 사용하는 것이 편했기 때문이다. 그런데 중국말과 우리말의 말소리와 문법이 달라, 한자의 뜻이나 소리를 빌려 우리말을 적는 방법을 새로 만들었다.

▲조선 시대 세종 임금이 1446년 만들어 발표한 한글.

하지만 한글이 나온 뒤에도 한자 사용은 줄지 않았다. 당시 양반들이 한글을 천하게 여겨 쓰지 않으려고 했기 때문이다.

20세기 들어 학교가 늘고 교육을 받는 사람이 많아지면서 한글이 널리 사용되었다. 책이나 나라의 문서도 한자 대신 한글로 기록했다.

그런데 지금도 한글만 쓰지 않고 한자어를 사용하는 까닭은, 우리말에 한자어가 너무 많기 때문이다. 조선 시대까지 중국과 교류하며 받아들였던 한자어에 더해 일제강점기(1910~45)에 같은 한자문화권이던 일본에서 만든 한자어까지 들어왔다. 이때 들어온 한자어를 우리말로 고쳐야 하는데, 그대로 사용한 탓이 크다.

국립국어원이 펴낸 『숫자로 살펴보는 우리말』에 따르면 국어사전에 실린 낱말 51만 개 가운데 한자어가 58퍼센트에 이른다. 순우리말은 25퍼센트로, 한자말의 절반도 안 된다.

국민일보 기사 등 참조

이런 뜻이에요

문물 정치, 경제, 종교, 예술, 법률 등 문화에 관한 모든 것을 통틀어 이르는 말.
한자어 한자를 바탕으로 만든 말.
국립국어원 국어를 연구하는 기관. 1991년 만들었으며, 표준어를 정하고 사전을 펴낸다.
순우리말 우리말 가운데 한자나 외국어가 들어가지 않은 말.

토론

한자 병기 이렇게 생각한다

"학습 효과 좋아지고 뜻 파악도 쉬워져"

안중근(1879~1910) 의사라고 하면 나라를 위해 몸을 바쳐 일한 사람인지, 병을 고치는 사람인지 알 수 없다. 이때 한글 단어 '의사' 옆에 한자인 '義士'(옳을 의/선비 사)를 나란히 쓰면 소리는 같지만 뜻이 다른 단어의 오해를 피할 수 있다.

초등학교 교과서에 나오는 낱말은 대다수가 한자어다. 초등학교 6학년 1학기 국어-나 261쪽에는 "아침밥은 장수의 필수 조건이다. 날마다 아침밥을 거르면 밤새…"라고 나온다. 여기서 '장수'는 '길 장'(長), '목숨 수'(壽)를 써서 '오래 산다'는 뜻이다. 이렇듯 한자를 함께 쓰면 교사가 설명하지 않아도 뜻을 잘 이해할 수 있다.

▲학교에서 기초 한자를 배우면 공부할 때 기본 개념을 쉽게 알 수 있다.

한자 병기는 한자 과목을 따로 만드는 것이 아니라, 원래 있는 교과서에 한자만 덧붙이는 것이어서 학습량이 크게 늘지 않는다. 교육부는 이미 학교 시험에 한자를 활용하는 문제는 내지 않겠다고 밝혔다. 학습량이 늘어 조금 부담이 되어도 한자 병기는 우리말을 제대로 배우기 위해 필요한 과정이다.

한자를 병기하면 한자를 공부할 수 있어 중국어를 배울 때도 도움이 된다. 중국어를 배우는 학생이 점점 느는 상황에서 효과적인 정책인 것이다.

문화일보 기사 등 참조

토론

"학습 부담 늘고 사교육으로 내몰 수도"

서울 강남의 한 초등학교 교사는 수업 시간에 한자가 적힌 학습물을 활용했다가 애를 먹었다고 한다. 한자를 미리 익힌 학생은 수업에 적응했지만, 그렇지 않은 학생은 학습물을 읽는 속도와 흥미가 떨어져 수업에 집중하지 못했기 때문이다.

어휘력을 키우려면 한자 병기보다는 낱말의 정확한 뜻을 익

▲교과서에 한자를 함께 쓰면 한자를 익히느라 사교육에 의존하게 된다.

히고, 독서와 대화를 통해 단어의 쓰임을 가르치면 된다. 지금도 아동 도서에는 한자를 쓰지 않지만, 내용 이해에 어려움을 겪는 경우는 거의 없다.

한자 병기가 시작되면 공부의 양도 늘어난다. 5~6학년은 모든 과목의 학습량이 크게 늘어나는 시기인데, 한자까지 보태지면 공부 부담이 커질 수밖에 없다.

한자 병기를 검토한다는 뉴스가 나오자 한자 사교육을 받는 학생이 크게 늘었다고 한다. 이러한 상황에서 한자 병기는 사교육을 부추기는 꼴이다.

한자 교육이 필요하다면 지금 방식대로 중·고등학교에서 한자 교과 시간에 배우면 된다. 굳이 초등학교 때부터 한자를 배워야 할 까닭은 없는 것이다. 또 각 과목 시간에 한자가 병기된 교과서로 수업하다 보면 교과서 내용을 교육하기보다는 한자를 설명하는 데 시간을 더 많이 사용하게 될 것이다.

문화일보 기사 등 참조

생각이 쑤욱

1. 위 기사들 가운데 한자어로 된 낱말을 10개만 찾고, 초등학교 교과서에 한자를 병기하려는 까닭을 설명하세요.

2. 우리나라 교과서에서 1970년부터 한자를 모두 없앤 까닭은 무엇인가요?

3. 한자는 사물의 모양이나 관계를 본떠 만든 상형문자입니다. 주변에서 흔히 볼 수 있는 물건 가운데 하나를 골라 한자로 나타내고, 상형문자의 장점과 단점을 한 가지씩 말해 보세요.

☞상형문자란 사물을 본떠 그 사물이나 그것에 관련 있는 생각을 나타낸 문자를 말합니다.

나라＼의미	사람	왕	신	양	태양	하늘	물
수메르							
이집트							
히타이트							
중국							

▲고대 각 나라의 상형문자.

머리에 쏘옥

한글과 한자

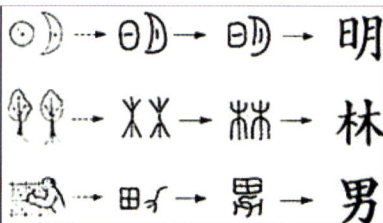

▲한자는 우리말과 달리 모양을 본떠 만들었다.

한글은 세종 임금이 1446년에 만들어 발표한 우리나라 고유의 문자입니다.

글자 하나가 한 가지 뜻을 가진 한자와 달리, 뜻이 아니라 소리로 이해하는 문자입니다.

예를 들어 'ㅂ'이나 'ㅜ', 'ㄹ'은 의미가 없습니다. 그런데 이들이 만나 '불'이라는 낱말을 만들면 뜻이 생깁니다.

한글은 자음 19자와 모음 21자 등 40자로 모든 것을 표현할 수 있어 배우기도 쉽고 읽기에도 편합니다.

중국의 한자는 약 5000년 전에 만들어져 우리나라는 물론 일본 등 한자 문화권에서 쓰이지요.

한자는 글자마다 일정한 뜻이 있습니다. 예를 들어 '火'는 하나의 문자이면서 '불'이라는 의미를 나타냅니다. 한자가 편한 점도 있지만, 기본적인 생활을 하려면 3000~5000자의 문자를 외워 쓸 수 있어야 하는 불편이 따릅니다.

생각이 쑤욱

4 한글학자들은 우리말에서 한자어를 줄이기 위해 한자어를 대신할 새말을 만들었어요. 다음 한자어 대신 쓸 새말을 만들어요.

한자어	뜻	우리말 표기
삼각형 : '석 삼' '뿔 각' '형태 형'	세 개의 선분으로 둘러싸인 평면 도형.	세모꼴
양서류 : '두 량' '살 서' '무리 류'	물과 땅 양쪽에서 사는 생물.	
임산물 : '수풀 림' '낳을 산' '물건 물'	산림에서 나는 물품.	

5 '언어란 사회를 이루는 사람들끼리의 약속이다.'라는 말을 참고해 한번 정해진 언어가 잘 바뀌지 않는 까닭을 1분 동안 설명하세요.

▲나라마다 사물을 부르는 이름은 정해져 있다.

머리에 쏘옥

언어는 약속이다

▲세계의 여러 문자.

문자는 말을 기록하기 위해 만들어진 기호입니다. 사람의 말은 입에서 소리로 나타나는 순간 바로 사라지고 맙니다. 말은 그 자리에 있지 않은 사람에게는 전달되지 못하고, 후손에게도 남겨지지 않습니다.

이런 말의 한계를 극복하기 위해 만든 것이 문자입니다. 사람들은 문자를 통해 자신이 보고 듣고 깨달은 것을 지식으로 후세에 전할 수 있습니다.

문자와 말을 합쳐 언어라고 하는데, 이 언어의 사용 여부가 사람과 동물을 가르는 가장 큰 특징입니다.

같은 문화권에 속하거나 같은 나라에 속하는 사람들은 같은 언어를 씁니다. 언어를 쓸 때는 같은 문자를 쓰는 사람들끼리 한 약속을 지켜야 합니다. 마음대로 뜻을 바꾸거나 혼자서만 쓰는 새로운 말을 자꾸 만들면 사람들과 의사 소통을 할 수 없을 것입니다.

언어는 사용하는 사람들이 많기 때문에 법이나 규칙 같은 것과 달리 변화가 매우 느리고, 변화 폭도 적습니다.

생각이 쑤욱

6 우리말을 이루는 낱말 가운데 절반 이상이 한자어입니다. 아래 두 의견 가운데 찬성하는 의견을 골라 자기 의견을 넣어 편을 들어보세요.

> 한자어는 우리말로 볼 수 있어. 우리나라는 과거부터 한자로 생각을 적었고, 요즘 쓰는 말에도 한자어가 많이 포함되어 있잖아.

> 한자는 우리말로 볼 수 없어. 우리나라는 과거 한자의 뜻과 글자만 빌려 썼을 뿐이야. 지금은 한자 없이도 의사 소통이 되잖아.

7 교과서에 한자를 병기했을 때와 한글만 썼을 때 50년 뒤 각각 우리 사회가 어떻게 변할지 말해 보세요.

머리에 쏘옥

한자 교육의 역사

우리나라가 책이나 교과서 등에 한글만 쓰기 시작한 것은 오래되지 않았습니다.

일제강점기가 끝나고 3년 뒤인 1948년 한글전용법이 생기면서 '문서는 한글로 쓴다'는 약속이 굳어졌습니다.

다만, 필요할 때는 한자를 덧붙일 수 있다는 조건이 붙었습니다. 소리가 같은데 뜻은 다른 한자나 한자 표기가 안 되면 쉽게 이해할 수 없는 낱말에 한해서였지요.

1970년부터는 국어 전용 정책으로 교과서에서도 한자가 완전히 사라지고, 신문에서도 한글을 주로 썼습니다.

한자의 중요성이 다시 강조된 것은 1990년대의 일입니다. 어휘력이 부족한 학생들이 늘어나자 그 이유를 한자 교육의 부족에서 찾은 것이지요. 1990년대부터 한자 교육을 주장하는 이들의 목소리가 커지며 도로 표지판이나 지역 이름 등에 한자가 병기되었지요.

2005년에는 대학 입학 시험(수학능력시험)에 한자 과목이 추가되었습니다.

2013년부터는 서울의 강남교육청이 담당 지역에 있는 초등학교에서 한자 교육을 실시한다고 밝혔습니다.

▲서울시 강남교육청의 한 학교에서 만든 한자 교재.

행복한 논술

교육부가 2019년부터 초등학교 5~6학년 교과서에 한자를 병기한다는 방침을 밝히자, 반대 목소리가 커지면서 찬반 논쟁이 다시 불붙었습니다. 한자 병기에 찬성하는 사람들은 한자어가 많은 우리말의 특성상 한자를 함께 쓰는 것이 국어 실력을 높이는 방법이 된다고 주장합니다. 반대하는 사람들은 한글만 써도 문제가 없는 상황에서 학생들의 공부 부담을 늘리고, 한자 사교육만 부추긴다고 맞섭니다.

초등학교 교과서 한자 병기를 놓고 찬성과 반대 입장 가운데 하나를 골라 자신의 주장을 펼치세요(500~600자).

05 인간의 욕심이 부른 조류인플루엔자

▲과거에는 광장에 모여 있는 비둘기를 피하지 않았다. 하지만 조류인플루엔자(AI)가 유행한 뒤부터 새를 두려워하는 사람들이 늘었다.

　조류인플루엔자(AI)에 걸릴 것이 두려워 새를 피하는 사람이 늘었습니다. 그러나 조류인플루엔자는 조류에게 피해를 줄 뿐 사람에게 감염되는 일이 적습니다. 조류인플루엔자가 어떻게 발생하는지 알아보고, 사람이 조류인플루엔자에 걸리지 않으려면 어떻게 해야 할지 공부합니다.

🔲 이런 걸 공부해요

이슈 조류인플루엔자가 새 공포증 불렀다

◆ 감염될까 두려워 새만 보면 피하는 사람 많아
◆ 조류인플루엔자 어떤 병인가

토론 조류인플루엔자를 이기는 방법

◆ 새 두려워할 필요 없어… 개인 위생 철저해야
◆ 인수공통전염병은 어떤 병인가

조류인플루엔자가 새 공포증 불렀다

감염될까 두려워 새만 보면 피하는 사람 많아

행복이는 학교에 가다가 비둘기를 보고 재빨리 피했다. 조류인플루엔자(AI)가 옮을까 두려웠기 때문이다. 친구들도 새만 보면 기분이 나쁘다고 말한다.

조류인플루엔자의 피해가 커지면서, 새를 두려워하는 사람들이 많다. 2016년 10월부터 2017년 2월까지 조류인플루엔자에 감염되어 3000만 마리가 넘는 닭과 오리가 죽임을 당했기 때문이다.

조류인플루엔자는 닭이나 오리, 야생 조류가 조류 인플루엔자 바이러스에 감염

▲조류인플루엔자에 감염될 것이 두려워 새를 피하는 사람이 많다.

되어 생기는 질병이다. 드물게는 사람에게도 옮는데, 38도가 넘는 고열이 지속되고 몸이 떨리며, 콧물과 기침, 설사 증세가 나타난다. 그리고 온몸이 쑤시고 아픈 것이 독감 증세와 비슷하다.

이처럼 조류인플루엔자는 동물에게서 사람이 전염될 수 있는 인수공통전염병이기 때문에 두려워한다.

전문가들은 조류인플루엔자에 감염된 조류에게서 배출된 바이러스가 사람의 코나 입으로 들어갔을 때 전염되는 것으로 보고 있다. 주로 양계장이나 오리 농장에서 일하는 사람들처럼 닭이나 오리와 자주 접촉하는 사람이 옮을 수 있다. 하지만 조류인플루엔자에 감염되어도 병세가 가벼워 목숨을 잃을 위험이 적고, 독감 치료약으로 치료할 수 있기 때문에 두려워할 필요가 없다고 말한다.

조선일보 기사 등 참조

이슈

조류인플루엔자 어떤 병인가

▲공장식 사육으로 기르는 닭.

철새는 조류인플루엔자(AI)에 감염되어도 병이 나타나거나 죽지 않는다. 바이러스를 이길 수 있는 면역력을 이미 가지고 있기 때문이다.

하지만 집에서 기르는 닭이나 오리는 면역력이 약해 감염되면 고병원성의 경우 절반 이상이 죽는다. 전염력도 강해서 병에 걸린 닭이나 오리는 물론 주변에 있는 닭과 오리까지 모두 땅에 묻는다.

조류인플루엔자는 주로 철새의 분비물이나 배설물에 접촉할 경우 감염된다. 그런데 최근 피해가 늘어난 까닭은, 철새의 배설물보다는 사람이 운반하는 달걀이나 차량, 오염된 먼지 등에 바이러스가 묻어 먼 곳까지 이동했기 때문으로 보고 있다.

전문가들은 우리나라의 조류인플루엔자 피해가 큰 이유로, 좁은 환경에서 한꺼번에 많은 수를 기르는 공장식 사육을 든다. 농가에서 사육 비용을 줄이려면 될수록 좁은 공간에서 길러야 한다. 이러한 환경에서 병이 들면 금방 퍼지기 때문에 새끼일 적부터 살균된 먹이를 먹인다. 또 빨리 살을 찌워야 하므로 운동을 시키지 않는다. 이렇게 되면 면역력이 떨어져 질병에 약하게 된다. 실제로 일본의 경우 넓은 공간에서 자연 상태와 비슷하게 가축을 기르는데, 우리나라보다 조류인플루엔자 피해가 훨씬 적은 것으로 나타났다.

한국일보 기사 등 참조

토론

조류인플루엔자를 이기는 방법

새 두려워할 필요 없어… 개인 위생 철저해야

전문가들은 야생 조류는 조류인플루엔자(AI)에 견디는 힘이 강해 병을 옮기지 않으므로 크게 걱정할 필요가 없다고 말한다. 감염된 새라도 배설물이나 분비물이 몸에 직접 닿지 않으면 공기를 통해서는 전염되지 않는다. 접촉해도 사람이 감염될 가능성은 매우 적다.

그러니 새를 봐도 크게 공포심을 가질 필요가 없다는 것이다.

조류인플루엔자에 감염되지 않으려면 먼저 독감 예방법처럼 개인 위생을 철저히 관리하는 것이 좋다.

▲조류인플루엔자에 걸리지 않으려면 독감 예방 때처럼 손을 자주 씻는 등 개인 위생을 철저히 관리하면 된다.

외출했다가 돌아오면 반드시 물에 손을 30초 이상 씻는다. 손소독제를 이용해도 된다. 그리고 되도록 손으로 눈이나 코, 입을 만지지 않는다. 독감 예방 주사를 겨울이 되기 전에 미리 맞아두는 것도 한 방법이다.

닭고기나 오리고기, 달걀도 피할 필요가 없다. 조류인플루엔자가 유행하는 지역의 닭이나 오리는 식용으로 사용하지 않기 때문이다. 또 섭씨 70도 이상에서 조리해 먹으면 바이러스가 죽으므로 감염되지 않는다.

주변에서 죽은 새나 야생 고양이를 발견했을 경우 만지지 말고 주민센터 등에 알린다. 철새 서식지를 여행하거나 양계장 또는 오리 농장을 방문한 뒤 독감 증세가 심하다면 보건소나 질병관리본부에 신고한다.

한국일보 기사 등 참조

토론

인수공통전염병은 어떤 병인가

조류인플루엔자(AI) 등 인수공통전염병은 동물에 걸린 전염병이 사람에게도 전염되는 질병을 말한다.

인수공통전염병의 종류가 최근 크게 늘어나고 있다. 전문가들은 공장식 사육과 항생제 과다 주사로 가축의 면역력이 떨어진 데서 원인을 찾

▲인수공통전염병은 주로 사람과 접촉이 많은 동물에서 옮는다.

고 있다. 지구의 기온이 갈수록 상승하며 해충이 늘었고, 바이러스가 번식하기에 좋은 환경으로 바뀐 점도 있다.

우리나라에서 인정하는 인수공통전염병은 10종이 넘는데, 광견병이 대표적이다. 광견병 바이러스에 감염된 개나 너구리 등에 물리면 전염된다. 열이 심하고 두통과 구토 증상이 며칠간 나타나다가 물을 보기만 해도 두렵고 불안한 증세가 있다.

일본뇌염은 일본뇌염 바이러스에 감염된 모기에 물리면 옮는다. 고열이 지속되며 정신을 잃기도 한다.

구제역은 구제역 바이러스가 소나 돼지, 염소 등 발굽이 둘로 갈라진 동물에 감염되어 생긴다. 호흡기로 옮는데 전염성이 강하며, 걸리면 절반이 넘게 죽는다. 구제역은 사람에게 발생한 사례가 없어 인수공통전염병에는 들지 않는다. 하지만 바이러스가 돌연변이를 일으키면 사람에게도 옮을 가능성이 있다.

중앙일보 기사 등 참조

대표적인 인수공통전염병과 예방법			
병명	옮기는 동물	증세	예방 또는 치료법
조류인플루엔자(AI)	조류	고열, 두통, 콧물, 근육통	유행 지역에 가지 말고, 개인 위생에 신경 쓴다.
광견병	개, 너구리	고열, 두통, 구토, 물 공포증	개에게 광견병 예방 주사를 맞히고, 광견병 유행 지역에 갈 때는 사람도 예방 주사를 맞는다.
일본뇌염	모기	고열, 혼수 상태	모기 애벌레가 사는 웅덩이를 소독하고, 예방 주사를 맞는다.
탄저병	소, 양, 염소	가려움, 고열, 기침, 호흡 곤란	탄저병에 걸린 동물 사체를 불태운다.
브루셀라증	염소, 소, 양	피로, 무력감, 염증	우유는 살균하고, 고기는 익혀 먹는다.
에볼라	원숭이, 과일박쥐	출혈, 고열	발생 지역에 가지 않는다.
장출혈성대장균감염증	쇠고기	복통, 고열, 혈변	쇠고기를 익혀 먹는다.
큐열	진드기	고열, 설사, 무력감	우유는 살균하고, 양과 염소의 배설물을 접촉하지 않는다.
중동호흡기증후군	박쥐, 낙타	고열, 기침, 호흡 곤란	낙타와 접촉을 피한다.

생각이 쑤욱

1 다음은 조류인플루엔자(AI)에 관한 퀴즈인데, 맞는 항목에 ○표 하세요.

1	여름에 주로 발생한다.	
2	조류인플루엔자에 걸린 닭의 고기를 먹으면 옮는다.	
3	달걀을 통해서도 감염될 수 있다.	
4	새 가까이 가기만 해도 감염될 수 있다.	
5	고병원성과 저병원성 두 종류로 나뉜다.	
6	사람이 걸리면 독감과 비슷한 증상을 나타낸다.	
7	우리나라에서는 아직 조류인플루엔자에 감염된 사람이 없다.	
8	사람을 위한 조류인플루엔자 예방 주사가 있다.	
9	조류 외의 다른 동물도 조류인플루엔자에 감염된다.	

☞정답 1~3개 : 더 공부하세요 / 4~6개 : 조금만 더 알아볼까요? / 7~9개 : 공부를 열심히 했어요.

2 조류인플루엔자가 유행하는 까닭은 무엇인가요?

3 조류인플루엔자가 크게 유행하면 어떤 피해를 일으키는지 5가지 이상 말해 보세요.

☞먹을거리나 물건 가격, 여행, 정신 건강 등 다양하게 찾아보세요.

▲조류인플루엔자 때문에 수많은 닭이 죽임을 당해 계란 값이 크게 올랐다.

머리에 쏘옥

조류인플루엔자에 관한 오해

조류인플루엔자가 유행하면 오리고기와 닭고기, 달걀의 소비가 줄어듭니다.

그런데 우리나라는 조류인플루엔자가 발생하면 해당 농장과 그 주변에서 기르는 닭이나 오리를 모두 땅에 묻습니다. 닭고기나 달걀도 다른 지역으로 이동시키지 못하게 막습니다. 그래서 조류인플루엔자에 감염된 닭고기나 오리고기는 팔 수 없습니다. 그리고 조류인플루엔자에 걸린 닭은 달걀을 낳지 못하기 때문에 사람이 달걀을 먹어서 조류인플루엔자에 걸릴 일은 없답니다.

그런데 조류인플루엔자는 조류 외의 다른 동물에게도 옮깁니다. 고양이가 조류인플루엔자에 걸린 새를 잡아먹었다가 감염되어 죽은 적이 있지요.

우리나라에서는 아직 사람이 조류인플루엔자에 감염된 적은 없습니다.

▲야생 고양이는 새를 잡아먹기도 한다.

생각이 쑤욱

4 조류인플루엔자가 발생했을 때 국가에서 아래 표와 같은 대책을 각각 실시하는 까닭은 무엇일까요?

대책	이유
감염된 닭 또는 오리가 있는 농장과 그 주변의 닭이나 오리, 계란을 모두 땅에 묻는다.	
감염 지역을 오가는 차량을 소독하고, 사람의 출입을 되도록 막는다.	
동물원들이 문을 닫고 관람객을 받지 않는다.	

5 가축의 공장식 사육을 놓고 두 어린이가 찬성과 반대 의견으로 갈렸는데, 내 생각은 어떤지 1분 동안 말해 보세요.

> 닭이나 소 등 가축을 넓은 곳에 풀어놓고 키우면 장소가 부족해 많이 키울 수 없지. 또 땅을 사거나 빌리려면 비용도 많이 들고 관리도 쉽지 않아. 이렇게 되면 고기나 계란 값이 크게 올라 쉽게 사 먹지 못할 거야.

> 가축을 좁은 곳에서 많이 키우면 항생제 주사를 많이 맞히기 때문에 사람 몸에 좋지 않은 영향을 주잖아. 또 운동을 시키지 않아 고기 맛이나 영양분도 떨어지지. 조류인플루엔자 같은 전염병도 널리 퍼질 수 있어.

머리에 쏘옥

공장식 사육

우리나라의 농가는 좁은 공간에서 많은 가축을 기르는 공장식 사육을 주로 합니다. 국민들이 고기와 계란을 먹는 양이 무척 많고, 땅은 좁기 때문입니다.

닭 한 마리에 허용된 공간은 A4용지 1장, 새끼돼지는 2장 크기 정도가 된다고 합니다.

이러한 환경에서 가축을 기르면 병도 자주 생기고, 한번 병이 생기면 쉽게 퍼집니다. 환기도 잘 안 되는데다, 운동 공간이 없어 면역력이 부족하기 때문이죠.

그리고 병에 걸리지 않도록 항생제를 자주 쓰다 보니 내성이 생겨, 실제로 가축이 병에 걸렸을 때는 약이 잘 듣지 않는다고 합니다.

▲공장식 사육을 하는 돼지 농장.

생각이 쑤욱

6 조류인플루엔자의 예방법을 전문가 입장에서 1분 동안 답변하세요.

앵커	초등학생들 사이에서 새 공포증이 심해지고 있습니다. 전염병 전문가인 이행복 박사를 모시고 조류인플루엔자의 인체 감염 예방법을 알아봅니다. 박사님, 어떻게 하면 조류인플루엔자를 예방할 수 있는지 방법을 말씀해 주십시오.
전문가	

7 인수공통전염병이 증가하는 까닭과 인수공통전염병을 줄일 수 있는 방안을 제시하세요.

머리에 쏘옥

인수공통전염병

한 종류의 병균이 모든 동물에 전염되는 것은 아닙니다.

돼지에만 감염되거나, 닭 또는 오리 등의 조류에만 감염되는 바이러스도 있지요. 그리고 동물에게 감염되는 바이러스는 원래 사람에게는 감염되지 않습니다.

그런데 동물에 감염된 바이러스가 다른 성질의 바이러스로 변하는 돌연변이를 일으킬 경우 다른 종류의 동물에게까지 영향을 미칠 수 있습니다.

돌연변이 바이러스는 원래 바이러스보다 전염성과 독성이 강해 큰 피해를 주는데, 치료약도 잘 듣지 않습니다.

인수공통전염병은 애완 동물의 수가 늘고, 동물과 접촉하는 사람이 많아지며 점점 증가하고 있습니다. 예를 들면 가정에서 키우는 거북의 대다수가 식중독균(살모넬라균)에 감염되어 있어 사람에게도 옮긴답니다.

▲거북을 만지면 손을 잘 씻어야 한다.

행복한 논술

조류인플루엔자(AI)가 크게 유행하며 감염을 걱정해 새를 두려워하는 사람이 늘었습니다. 조류인플루엔자는 바이러스에 감염된 닭이나 오리를 접촉했을 경우 생길 수 있는 전염병인데, 실제로 사람에게 옮기는 사례는 아주 드뭅니다. 사람이 조류인플루엔자에 걸리면 고열과 구토, 통증이 발생하는데, 독감 치료제를 먹으면 증세가 나아집니다. 조류인플루엔자에 걸리지 않으려면 개인 위생에 신경을 쓰고, 닭고기나 오리고기는 잘 익혀 먹어야 합니다. 새가 많은 곳에 다녀온 뒤 독감이 심하면 보건소에 신고해야 합니다.

조류인플루엔자(AI)가 어떤 병인지 설명하고, 인체 감염을 막는 방법을 말해 보세요 (500~600자).

06 세금은 어디에 쓰이나

▲나라의 세금 관련 업무를 담당하는 국세청.

내야 할 세금을 내지 않고 버티거나 세금을 줄이기 위해 재산과 소득을 감추는 국민들도 있습니다. 또 중앙 정부나 지방자치단체들이 세금을 펑펑 써서 낭비하는 사례도 있지요. 이런 일이 많을수록 국력은 약해지고, 사회 질서를 유지하기도 어렵습니다. 국민이면 누구나 세금을 성실하게 납부해야 하는 까닭과 세금이 어디에 어떻게 쓰이는지 탐구합니다.

이런 걸 공부해요

이슈 세금 왜 내야 할까
- ◆ 세금 피하려는 사람 많아… 나라 살림 어려워
- ◆ 세금의 종류는 어떤 것이 있을까

토론 세금 잘 내고 낭비 없어야 나라 부강
- ◆ 납세 의무 성실히 지키는 태도 가져야
- ◆ 세금 펑펑 쓰지 못하도록 감시 필요

이슈: 세금 왜 내야 할까

세금 피하려는 사람 많아… 나라 살림 어려워

세금을 내지 않고 버티거나 몰래 도망을 다니는 사람들도 있어 문제가 되고 있다. 국세청은 해마다 세금을 내지 않는 사람들과 기업의 이름을 홈페이지에 공개한다.

행복이 아버지는 월급을 받는데, 실제로 손에 쥐는 돈은 회사에서 받기로 한 월급보다 적다. 나라에서 소득세와 주민세 등을 떼기 때문이다. 자동차를 새로 샀을 때도 자동차세와 등록세, 부가가치세 등 세금을 냈다.

세금은 월급과 같은 소득에도 붙지만, 부동산이나 예금 등 재산에도 붙는다. 국민 건강을 해칠 수 있는 담배나 술 소비를 줄일 목적으로 세금을 붙이기도 한다.

정부는 이렇게 거둔 세금으로 나라의 살림을 꾸린다. 행복이 아버지가 가정 살림을 하기 위해 돈을 버는 것처럼 정부도 나라 살림에 필요한 돈을 국민에게 세금 형태로 거두는 것이다. 거둔 세금은 나라를 지키기 위한 국방비, 사회 질서를 유지하기 위한 경찰 운영비, 학교 등 교육 시설 건립비, 경제 개발 등 다양한 목적을 위해 쓰인다. 가난한 사람을 위한 생계비 지원 등 복지를 위한 사업에도 들어간다.

납세는 국민의 4대 의무의 하나다. 국민이 세금을 내지 않으면 나라의 살림을 할 수 없어 큰 혼란이 일어난다. 그러나 세금이 무거우면 국민이 경제적 부담이 커서 어려워진다.

소년한국일보 기사 등 참조

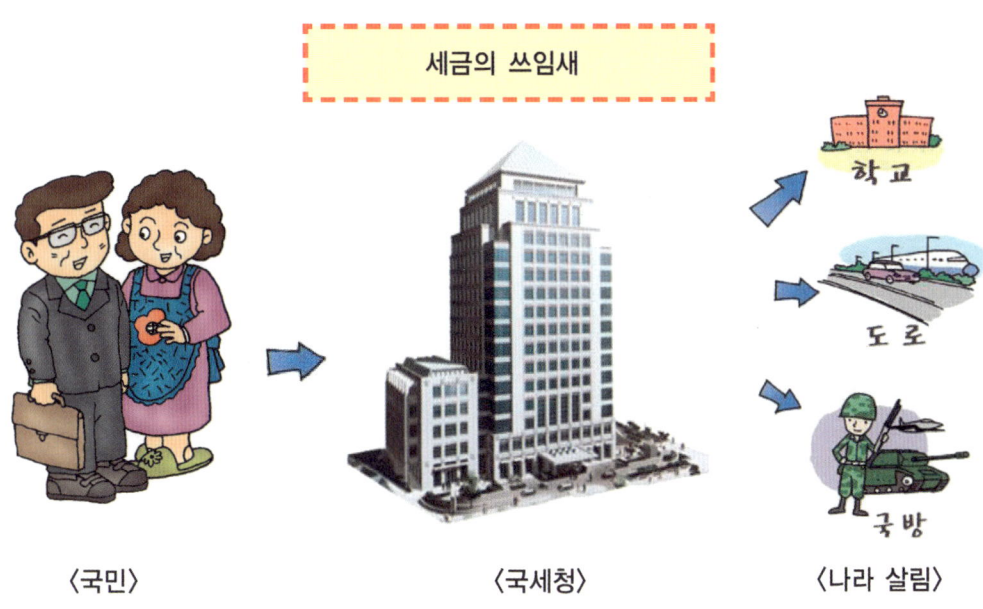

세금의 쓰임새

〈국민〉　〈국세청〉　〈나라 살림〉

이슈

세금의 종류는 어떤 것이 있을까

행복이가 1000원짜리 샤프연필을 샀다면 거기엔 이미 10퍼센트의 세금(부가가치세)이 붙어 있다. 이 세금은 실제로 행복이가 무는 것이므로 어린이들도 세금을 내는 셈이다.

세금의 종류는 다양하다. 무엇을 대상으로 물리는지, 누가 내는지, 어디에 쓰이는지에 따라 달라진다.

소득세나 부가가치세처럼 국민이 국가에 내는 세금을 국세라고 한다. 국세는 정부의 살림에 쓰인다. 주민세나 아파트 등에 물리는 재산세처럼 자신이 사는 시·도 등 지방자치단체에 내는 세금을 지방세라고 한다. 지방세는 지방자치단체의 살림에 쓰인다.

세금은 사용 목적에 따라 보통세와 목적세로 나뉜다. 보통세는 국가나 지방자치단체의 일반 살림에 필요한 세금이고, 목적세는 통일 비용을 대기 위한 통일세처럼 특별한 목적을 위해 만든 세금이다.

세금을 누가 내느냐에 따라 직접세와 간접세로 구분된다. 직접세는 행복이 아버지가 월급을 타고 내는 소득세처럼 세금을 실제로 부담하는 담세자와 세금을 납부하는 납세자가 같다. 하지만 간접세는 물건을 살 때 붙는 부가가치세처럼 담세자와 납세자가 다르다. 예컨대 행복이가 축구공을 사면 세금(부가가치세)은 행복이가 내는 거지만, 세무서에 세금을 내는 건 상점 주인이다.

소년한국일보 기사 등 참조

세금 잘 내고 낭비 없어야 나라 부강

납세 의무 성실히 지키는 태도 가져야

세금을 정직하게 내는 사람이 많을수록 나라가 더욱 부강해지고, 국민을 위해 더 많은 일을 할 수 있다.

그럼에도 세금으로 내는 돈이 아까워서 실제로 버는 소득보다 적게 신고하는 사람들이 있다. 부모에게 많은 유산을 물려받고도 세금을 내는 것이 싫어서 그 사실을 숨기거나 적게 물려받았다고 거짓말을 하기도 한다.

이렇게 옳지 않은 방법으로 세금을 내지 않거나 내야 할 금액보다 적게 내는 사람이 많으면 나라의 살림은 어려워지게 된다. 또 세금을 있는 그대로 정직하게 내는 국민은 억울한 마음이 들 것이다. 그래서 세금을 속이는 사람과 기업은 나라의 법을 지키지 않았기 때문에 벌을 받게 된다.

▲2017년 열린 '제51회 납세자의 날 기념식'에서 배우 성유리와 유해진이 모범 납세자로 뽑혀 대통령 표창을 받았다.

나라에 내는 세금은 나와 이웃이 불편함이 없도록 살게 하는 데 쓰인다. 따라서 정당하게 일해서 번 소득과 그에 따라 내는 세금은 살기 좋은 사회를 만드는 든든한 기둥이다.

이에 따라 국세청은 초등학생들에게 세금의 필요성을 알리기 위해 세금 교육을 실시하고 있다. 그리고 국민의 납세 정신을 일깨우고 세금 수입을 늘리기 위해 해마다 3월 3일을 '납세자의 날'로 정했다. 국세청은 이날 모범 납세자들을 선정해 훈장이나 상을 준다.

문화일보 기사 등 참조

토론

세금 펑펑 쓰지 못하도록 감시 필요

▲한산한 경인아라뱃길의 모습. 이용객이 적어 대표적인 세금 낭비라는 지적을 받는다.

　세금은 걷는 일도 중요하지만 제대로 쓰는 일도 중요하다. 세금이 잘못 쓰이면 나라 살림이 어려워져 국력이 약해지고, 국민이 계속 세금을 더 물게 되므로 부담이 커진다. 따라서 세금이 헛되게 쓰이지 않도록 잘 감시해야 한다.
　우리나라의 경우 지방자치단체(이하 지자체)들이 호화 청사를 짓거나 쓸데없는 시설을 짓는 등 세금을 낭비하는 바람에 돈이 없어 허덕이고 있다. 하지만 중앙 정부는 세금을 펑펑 쓰는 지자체들을 감시하지 못하고, 빚을 메워 주기 위해 나랏돈까지 대주는 일이 있다.
　지자체들이 세금을 마구 쓰는 까닭은 주민들이 지자체 살림에 무관심한데다, 정부의 감시와 지방 의회의 견제가 소홀한 탓이 크다.
　중앙 정부도 잘못된 공사를 해서 세금을 날리는 일이 있다. 예를 들면 한강과 서해를 잇는 인공 수로인 경인아라뱃길(길이 18킬로미터)은 2012년 개통했는데, 이용 실적이 예상의 10분의 1도 안 된다. 뱃길을 운영해 벌어들인 돈은 투자금(3조 214억 원)의 절반 수준에 그쳐 원금 회수가 어려운 상태다. 이 밖에 중앙 정부에서 법을 어기며 배정된 예산을 목적 외에 쓰거나, 국회에서 깎은 예산을 다시 살려 써서 세금을 낭비하는 사례도 있다.

문화일보 기사 등 참조

생각이 쑤욱

1 세금이 없다면 어떤 불편을 겪을지 예를 들어 들어 설명해요.

2 세금을 많이 매겨야 할 상품과 적게 매겨야 할 상품을 예로 들고 그 이유도 설명해요.

많이 매겨야 할 상품	적게 매겨야 할 상품

3 우리들이 사용하는 공공시설 가운데 세금으로 지어진 것을 찾아보세요.

머리에 쏘옥

소득 재분배

가난한 사람과 부자의 격차를 줄이기 위한 정책을 소득 재분배 정책이라고 합니다. 예컨대 소득이나 재산이 많을수록 더 많은 세금(소득세나 재산세)을 더 내게 하는 것입니다. 또 저소득층이 많이 쓰는 상품은 세금을 낮추고, 고소득층이 주로 쓰는 상품은 세금을 무겁게 매깁니다.

정부는 이렇게 거둔 세금으로 저소득층을 위해 사용합니다. 소득이 없는 가정에 생계비를 대 주거나 노인이나 장애인, 소년소녀가장 등의 복지비를 지원하는 것이지요.

'수도세'와 '전기세'

세금은 나라 살림에 쓰이는 비용을 국민이 나눠 내는 것을 말합니다.

수도료나 전기료처럼 국가나 지방자치단체에 내는 돈이라도 필요에 따라 쓰고 그 값을 지불하는 각종 요금은 세금이 아닙니다. 사람들은 흔히 '수도세'나 '전기세'라고 부르지만 올바른 표현이 아닙니다.

생각이 쑤욱

4 모든 소득에는 세금이 붙어요. 그럼 어른이 주신 세뱃돈에 세금을 매긴다면 어떻게 생각하나요?

5 소득을 숨기거나 줄여 신고하는 국민이 많을수록 어떻게 될까요? 또 그런 사람들에게 어떤 벌을 내리면 좋을지 아이디어를 내 보세요.

머리에 쏘옥

부가가치세(부가세)

사람들이 돈을 내고 물건을 사거나 서비스를 받을 때 내는 세금을 부가가치세라고 하는데, 전체 값의 10퍼센트에 해당합니다. 보통 물건 값에는 모두 부가가치세가 붙는데, 여러분이 1만 1000원짜리 게임기를 샀다면 원래 물건 값의 10퍼센트가 더 붙어 1만 1000원이 된 것이고, 여러분은 세금으로 1000원을 낸 것입니다. 놀이공원 입장료에도 10퍼센트의 부가가치세가 붙어 있습니다. 소비자가 낸 부가가치세는 물건을 판 상점 주인이 세무서에 내므로 간접세라고 합니다.

물품 가격 : 1만 원
부가가치세 : 1000원

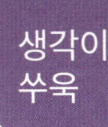
생각이
쑤욱

6 우리 고장의 시·도청 홈페이지 민원란에 세금을 낭비한 사례를 들어 꼭 필요한 곳에 세금을 써 달라는 글을 올려 보세요.

이름	
제목	
내용	

7 앞으로 커서 성실한 납세자가 되려면 지금부터 어떤 태도를 가져야 할지 세 가지 원칙을 세워 지키도록 해요.

| 우리가 지켜야 할 원칙 |

①

②

③

> 행복한
> 논술

나라 살림에 필요한 돈을 국민이 나눠 부담하는 것을 세금이라고 합니다. 그런데 세금을 내기 싫어서 돈이 있는데도 내지 않거나 세금을 적게 내기 위해 재산 또는 소득을 속이는 사람들도 있습니다. 우리가 낸 세금으로 나라에서는 방위를 튼튼히 하고, 사회 질서를 유지하며 교육을 지원합니다. 어려운 사람들을 돕는 데 쓰기도 합니다. 국민은 성실하게 세금을 내고, 정부는 세금을 낭비 없이 써야 국민이 골고루 혜택을 받으며 나라가 부강해집니다.

내야 할 세금을 내지 않거나 세금을 줄이기 위해 소득을 속이는 어른들에게 납세 의무를 성실하게 지켜 달라고 설득해 보세요(500~600자).

07 공정하다는 것의 참 의미

▲대통령과 친한 특권층 자녀의 대학 입시 비리가 알려지자 청소년들이 항의 시위를 하고 있다.

특권층 자녀가 명문대에 특혜를 받아 입학하는 등 우리나라의 교육 공정성이 무너지고 있습니다. 교육의 공정성이 무너지면 노력하는 사람이 줄어들고, 사회의 정의도 사라집니다. 교육에서 공정성이 꼭 필요한 까닭을 알아보고, 교육의 공정성을 지킬 수 있는 방법을 탐구합니다.

이런 걸 공부해요

이슈 학생들의 꿈 꺾는 교육 부정
- ◆ 특권층 자녀 대학 입시 비리 저질러 국민들 분노
- ◆ 교육의 공정성이 왜 중요한가

토론 교육의 공정성을 지키는 방법
- ◆ 공정성 해치면 무겁게 벌주고, 약자 배려해야
- ◆ 선진국은 대입 때 사회적 약자 위한 배려 많아

이슈 | 학생들의 꿈 꺾는 교육 부정

특권층 자녀 대학 입시 비리 저질러 국민들 분노

▲TV 뉴스에서 대통령과 친한 최순실 씨의 딸이 유명한 대학교에 부정 입학하는 등의 비리를 저지른 사실을 보도하고 있다.

대통령과 친하게 지내던 최순실 씨의 딸이 여러 가지 특혜를 받으며 고등학교에 다니다가 이름난 대학교에도 부정으로 입학한 사실이 2016년에 밝혀져 사회적으로 문제가 되었다.

공정해야 할 교육에서 특권층이 힘을 이용해 비리를 저지른 사실이 알려지자, 학생과 학부모들이 크게 실망해 분노했다. 교육의 공정성을 무너뜨리는 입시 비리는 이번뿐만이 아니다. 2013년에는 서울의 한 국제중학교에서 신입생을 뽑을 때 성적을 조작해 지원자를 부당하게 입학시킨 사례도 있다.

공정성이란 누구나 치우침 없이 공평하게 대우하는 것을 말한다. 성별이나 나이, 인종, 재산, 장애 등에 상관없이 같은 출발선에 서서 노력한 만큼의 대가를 받는 것이다. 하지만 교육의 공정성은 갈수록 지켜지지 않고 있다. 최근 한 연구 기관의 조사에 따르면 교육이 모든 사람에게 공정하다고 대답한 사람은 47퍼센트로, 갈수록 낮아지고 있다.

교육의 공정성이 무너지면 출발선이 달라져 학생들이 노력한 만큼 평가를 받지 못한다. 이렇게 되면 국민들이 불공정한 결과에 분노를 느끼고 사회를 믿지 못하며, 분노가 폭력으로 바뀌어 사회 질서를 위협할 수 있는 것이다.

한국일보 기사 등 참조

이런 뜻이에요

조작 어떤 일을 사실인 듯 꾸며 만듦.

이슈

교육의 공정성이 왜 중요한가

　교육이 공정하면 누구나 같은 기준으로 평가를 받고, 노력에 따라 성적을 거둘 수 있다. 그리고 좋은 성적을 받은 사람은 자신이 원하는 대학에 들어갈 수 있다. 학생들이 어렸을 적부터 공정한 평가에 익숙해지면 커서도 공정한 경쟁을 당연하게 생각해 사회가 발전한다.

　교육의 공정성이 흔들리는 까닭은 특권층이 자기의 지위나 재산을 이용해 좋은 성적을 받고, 이름난 대학에 입학하려 하기 때문이다. 학교에서도 특권층의 압력에 무릎을 꿇거나 자기네의 이익을 챙기기 위해 이들의 요구를 들어줘서 그렇다.

　교육계의 가장 흔한 비리는 어느 한 학생에게 유리하도록 평가 기준을 바꾸거나, 시험에서 좋은 점수를 주는 것이다. 학생의 성적표를 조작하기도 한다. 학생에게 상을 몰아주거나, 수행 평가 성적을 다른 학생들보다 높여 주는 방법도 있다.

　우리나라에서 교육은 더 나은 계층으로 올라갈 수 있는 사다리 역할을 한다. 그래서 학생들이 밤잠을 줄이며 공부하고, 대학 진학률도 높다. 그런데 교육계에서 공정성이 무너지면 노력할 이유를 찾을 수 없다. 아무리 잘해도 원하는 학교에 들어가 원하는 직업을 가질 수 없다는 좌절감을 느끼기 때문이다.

한국일보 기사 등 참조

▲달리기를 할 때 출발선이 다르면 공정하지 않은 것이다.

토론

교육의 공정성을 지키는 방법

공정성 해치면 무겁게 벌주고, 약자 배려해야

교육의 공정성을 살리는 길이 공정한 사회를 만드는 첫걸음이다. 따라서 학생들이 억울하거나 불공평하다는 생각이 들지 않도록 공정하게 경쟁하고 평가를 받도록 환경을 만들어야 한다.

먼저 학생 스스로 공정하게 행동해야 한다. 시험 볼 때 높은 점수를 받기 위해 남의 답안을 베끼거나, 인터넷에서 내려받은 내용을 숙제로 내 좋은 점수를 받는 행위는 공정하지 않다. 그러니 노력한 만큼 결과가 나온다는 믿음을 가지고 열심히 공부해야 하는 것이다.

▲남의 숙제를 베껴 내는 것도 공정성을 해치는 일이다.

학부모도 학생의 과제를 대신 해서 상을 받게 하거나, 부정한 방법으로 자녀의 성적을 조작하게 해서는 안 된다.

학교는 학생과 학부모가 결과를 받아들일 수 있도록 공평하게 성적을 매기고, 어떠한 경우에도 학생에게 특혜를 주지 말아야 한다. 또 학교 안에 비리를 신고할 수 있는 곳을 만들어 제보가 들어오면 적극 조사한다.

정부는 교육의 공정성을 해치는 사람에게 법이 허용하는 범위 안에서 최대한 무겁게 처벌한다. 그래야 학생들이 학교가 공정하며 사회가 투명하다고 믿을 수 있다.

가난하거나 장애를 가진 학생들에게는 원하는 교육과 알맞은 지원을 받을 수 있게 배려하는 일도 중요하다. 그래야 이들의 출발선을 다른 사람들과 같게 만들 수 있다.

▲공정성을 실현하려면 사회적 약자에게 경제적 지원 등 배려가 필요하다.

조선일보 기사 등 참조

토론

선진국은 대입 때 사회적 약자 위한 배려 많아

2016년에 한 연구 기관이 조사했는데, 우리 국민의 73퍼센트는 우리나라가 불공정하다고 대답했다. 하지만 미국인은 37퍼센트만 자기네 나라가 불공정하다고 응답했다.

미국인들이 자기네 나라가 공정하다고 생각하는 까닭은, 먼저 교육계가 공정하며 사회적 약자들을 더 많이 배려하기 때문이다. 예를 들면 미국은 대학 입학 시험에서 사회적 약자들에게 더 넓은 기회를 보장한다. 흑인 등 소수 인종 출신자들에게 점수를 더 주거나 대학 입학 정원의 일정 비율을 그들에게 나눠 주는 것이다. 흑인인 버락 오바마 전 대통령(재임 2009~17)도 이러한 혜택을 받아 대학에 들어갔고, 열심히 노력해 대통령이 되었다.

▲오바마는 대학 입학 시험 때 흑인이라는 약점 때문에 사회적 배려 대상자가 되어 도움을 받을 수 있었다.

독일은 공정함으로 이름난 나라다. '모든 국민은 능력과 출신에 상관없이 원하는 교육을 받을 권리가 있다'는 생각을 바탕으로 부정이 일어날 수 없게 철저히 감시한다. 독일은 교사가 학생의 수업 태도와 과제의 완성도를 직접 평가해 점수를 매기는 과목이 많은데, 학생과 교사가 서로 공정함을 믿기 때문에 부정이 생기지 않는다. 무엇보다 대학 입시에서 남이 붙으면 내가 떨어진다는 생각을 하지 않기 때문에 비리를 저지르는 사례가 적다.

조선일보 기사 등 참조

생각이 쑤욱

1 교육의 공정성이 중요한 까닭은 무엇인가요?

2 교육계뿐만 아니라 친구들과 운동 경기를 하거나 가정 생활을 할 때도 공정하지 못한 일이 일어날 수 있지요. 내가 생활하면서 겪은 불공정한 경험을 두세 가지만 예를 들어 말해 보세요.

▲학교에서 하는 축구 경기에도 공정성이 필요하다.

3 입학 시험을 볼 때 학생들이 내는 서류에 부모님의 재산이나 사회적 지위가 드러나는 내용을 적을 수 없도록 했는데, 왜 그럴까요?

머리에 쏘옥

생활의 불공정

바른 사회의 필수 조건은 공정함입니다. 사회가 공정하지 못하면 많은 사람들이 피해를 봅니다.

운동이나 게임에서 편을 나눌 때 잘하는 사람끼리만 같은 편이 될 때가 있지요. 이렇게 되면 능력 차이가 너무 나서 아무리 열심히 해도 승리할 수 없게 됩니다. 이처럼 노력한 사람들이 대가를 얻지 못하면 불공정한 것입니다.

가족 간에도 공정하지 못한 일이 벌어집니다. 형이 힘이 세다는 이유로 동생의 물건을 빼앗으면, 공정한 행동이 아니지요.

▲공정한 사회는 구성원들 사이에 치우침이 없는 사회다.

생각이 쑤욱

4 아래 두 가지 그림 가운데 더 공정하다고 생각하는 그림을 골라 그 이유를 말해 보세요.

▲공정한 사회는 약자를 배려한다.

머리에 쏘옥

교육의 공정성은 약자를 배려하는 것

공정한 사회는 모든 사람에게 기회를 균등하게 주는 것이 원칙입니다.

하지만 집이 가난해 학원에 다니지 못하는 학생, 신체 장애가 있는 학생 등 약자들은 그렇지 않은 학생들보다 불리합니다.

이처럼 경쟁의 출발점이 다르면 공정한 것이 아니죠.

그래서 고등학교나 대학교 입학 시험에서는 저소득층과 장애인 등 약자를 배려해 이들만을 따로 뽑습니다.

이러한 사람들을 그대로 경쟁시키면 원하는 학교에 들어갈 수 없기 때문이지요. 교육의 공정성을 실현하기 위해 꼭 필요한 배려입니다.

5 교육 비리에 화가 난 학생과 시민들은 저마다 자신의 의견을 팻말에 적어 들고 촛불 시위에 나가 의사를 표현했습니다. 내가 팻말에 적고 싶은 문구를 만들어 보세요(20~24자).

생각이 쑤욱

6 학생 입장에서 교육의 공정성을 지킬 수 있는 방법을 기사에 나온 것을 빼고 두 가지만 더 들어보세요.

7 내가 어른이 되어 학생들에게 장학금을 준다면 어떤 학생들에게 장학금을 주고 싶은지 장학금 이름과 장학금을 주는 이유를 넣어 장학증서를 꾸며 보세요.

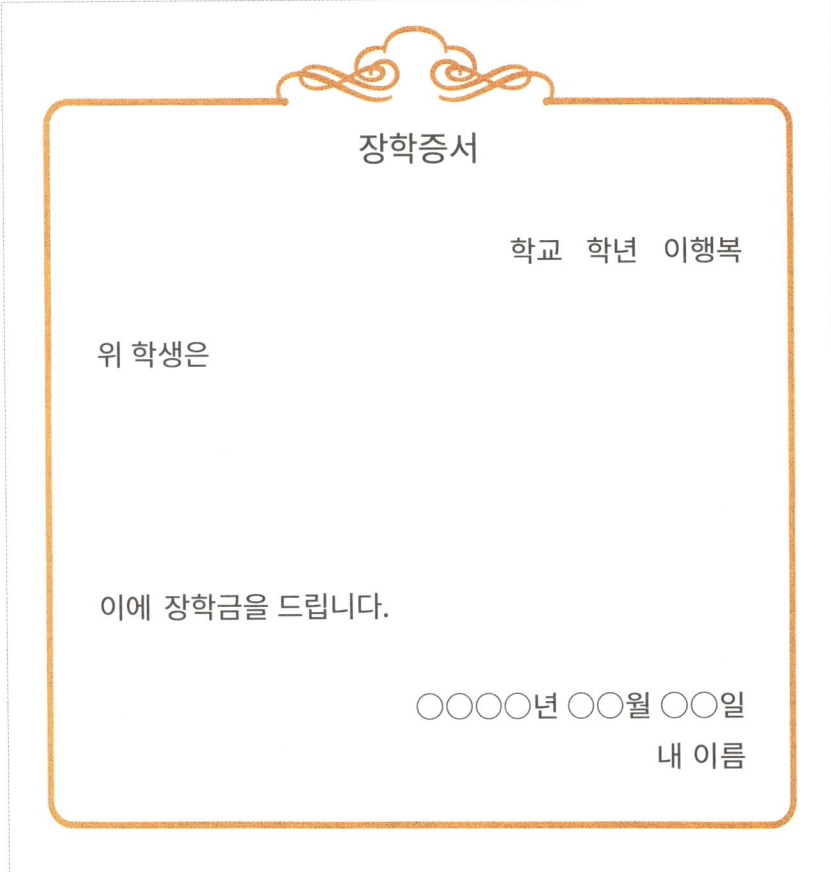

장학증서

　　　　　　　　　　　　학교　학년　이행복

위 학생은

이에 장학금을 드립니다.

　　　　　　　　　○○○○년 ○○월 ○○일
　　　　　　　　　　　　　내 이름

머리에 쏘옥

장학금

▲국가 장학금을 운영하는 한국장학재단 홍보 광고.

공부를 잘하거나 재능이 있지만 가난해서 학교 교육을 받지 못하는 학생들이 많아요. 그래서 모든 학생들에게 교육의 기회를 똑같이 보장하기 위해 이런 학생들이 교육을 계속 받을 수 있도록 주는 돈을 장학금이라고 합니다. 국가나 기업에서 주는 것과 장학금을 지원하기 위해 만든 단체에서 주는 것, 개인이 주는 것 등 여러 가지가 있어요. 국가 장학금을 받는 학생을 뽑는 기준을 보면 공부를 잘하거나 재능이 있지만 가난해서 교육을 받기 어려운 학생, 재능이 우수한 학생으로 나라에서 요구하는 학과나 기술 교육을 국내외 대학에서 받는 학생 등입니다.

이 밖에 효도를 잘해서 주는 장학금, 다문화가정의 자녀이기 때문에 주는 장학금, 발명을 잘해서 주는 장학금 등 여러 가지가 있습니다.

행복한 논술

2016년에 대통령과 가까이 지내던 특권층 자녀의 명문대 특혜 입학 사실이 알려지며 우리 교육계가 공정하지 못하다고 생각하는 국민이 많습니다. 교육이 공정해야 열심히 공부하면 원하는 학교에 진학할 수 있다는 믿음을 가질 수 있습니다. 그래야 노력하는 사람이 늘어나 나라가 발전하지요. 교육의 공정성을 지키려면 먼저 학생과 학부모가 정해진 법이나 규칙을 지키기 위해 노력하고, 학교는 공정한 입시 원칙을 정해 투명하게 공개하되 그 원칙에 맞게 점수를 매겨야 합니다. 정부는 학교에서 비리가 생기지 않도록 감시하고, 비리를 저지른 사람들에게는 엄한 벌을 내려야 합니다. 사회적 약자들에게 더 많은 기회를 주는 일도 중요합니다.

우리 국민이 불공정한 대학 입시 비리에 분노하는 까닭을 설명하고, 교육의 공정성을 지키기 위한 방법을 말해 보세요(500~600자).

08 녹조와의 전쟁 이기기

▲ 경남 창원시의 낙동강 창녕함안보 하류에 녹조가 넓게 퍼진 모습.

해마다 한강과 낙동강 등 4대강 전체에 녹조가 발생하는 일이 되풀이되고 있습니다. 4대강 사업 때 설치한 보가 강물의 흐름을 느리게 했기 때문이라고 합니다. 녹조가 퍼지면 식수원이 오염되어 국민 건강에 피해를 줄 수 있습니다. 녹조가 생기는 원인과 문제점을 살펴보고, 녹조를 예방하기 위한 방법도 공부합니다.

이런 걸 공부해요

이슈 녹조 왜 생길까

◆ 4대강 녹조 발생 심각… "보 설치 때문"
◆ 녹조 왜 생기며 어떤 문제 일으킬까

토론 작은 실천이 녹조를 막는다

◆ 가정에서 세제 덜 사용하기부터 시작해야
◆ 정부가 나서서 오염 물질 발생 미리 막아야

이슈: 녹조 왜 생길까

4대강 녹조 발생 심각… "보 설치 때문"

"여러분, 녹색을 띤 강물을 본 적이 있나요?"

"선생님, 강물이 '녹차라떼'처럼 바뀌었다며 누군가 인터넷에 올린 사진을 본 적이 있어요. 어떻게 그런 일이 생길 수 있지요?"

행복초등학교 4학년 과학 시간, 선생님은 학생들에게 녹조 현상에 관해 설명해 주셨다. 녹조는 물속에 사는 식물성 플랑크톤인 녹조류와 남조류의 수가 갑자기 늘어 하천의 물이 녹색을 띠는 현상을 말한다. 그런데 녹조 현상이 4대강 전체에 해마다 발생해 문제가 심각하다. 여름철만 되면 한강과 낙동강은 물론 금강과 영산강까지 가리지 않고 나타나는 것이다.

▲환경부 장관이 4대강 녹조 발생에 관해 기자 회견을 하는 모습을 TV 뉴스에서 보도하는 장면.

환경부 장관은 "4대강 사업 때 설치한 보가 녹조 발생의 원인."이라고 밝혔다. 무더운 날씨 때문에 수온이 오른 상태에서 보가 물의 흐름을 느리게 만들었기 때문이라는 지적이다. 낙동강의 강물 체류 시간은 과거 31.42일이었는데, 보를 설치한 뒤 168.08일로 5배나 느려진 것으로 조사되었다.

녹조가 심하면 물고기들이 숨을 쉬지 못해 떼죽음한다. 또 식수원이 오염되어 국민의 건강을 위협할 수 있다. 녹조를 예방하려면 정부의 대책뿐만 아니라 평소 국민의 작은 실천이 뒷받침되어야 한다.

한겨레 기사 등 참조

이런 뜻이에요

녹조류, 남조류 녹조류는 녹색 식물의 잎에 들어 있는 물질인 엽록소를 많이 가지고 있으며, 광합성을 하는 해조류다. 남조류는 몸이 한 개로 이뤄진 단세포 생물인데, 세균의 한 종류다. 광합성으로 영양분을 만들기 때문에 햇빛이 강할수록 잘 자란다.

4대강 사업 이명박 전 대통령이 2008년 하반기부터 한강, 낙동강, 금강, 영산강 등 4대강의 홍수와 가뭄 방지, 하천 생태계 복원 등을 목적으로 추진한 사업.

보 강이나 하천에서 수로에 물을 가두려고 둑을 쌓아 만든 물 저장 시설.

이슈

녹조 왜 생기며 어떤 문제 일으킬까

충북 청원에 사는 하늘이네 가족은 며칠 전 집 근처의 대청호를 찾았다가 깜짝 놀랐다. 녹조가 생겨 죽은 물고기 떼가 호수 위에 둥둥 떠 있었기 때문이다.

녹조는 수온이 오른 상태에서 물이 제대로 순환하지 않거나 흐름이 느려졌을 때 발생한다. 햇빛이 강하고 하천이 오염돼 영양 물질이 늘어나면 생기기도 한다. 이때 특히 독성을 내뿜는 남조류가 급증하면서 물의 표면을 덮어 산소가 물속으로 들어가는 것을 막는다. 이로 인해 물고기가 떼죽음하고, 죽은 물고기가 썩는 과정에서 악취도 심하게 난다. 하천의 경관도 나빠지고, 물속 생태계가 파괴되기도 한다.

▲녹조 때문에 호수의 물고기들이 떼죽음한 모습.

녹조의 가장 심각한 피해는 식수원 오염이다. 주민들이 오염된 지하수를 마실 경우 자칫 생명까지 잃을 수 있다.

정부는 최근 녹조뿐만 아니라 적조 현상까지 나타나면서 골머리를 앓고 있다. 적조가 남해안에서 동해안까지 퍼져 어패류가 죽는 등 어민의 피해가 늘고 있기 때문이다.

▲적조가 별로 없던 동해안에도 2013년부터 적조가 심해 기상청에서 주의보가 내려지고 있다.

적조는 식물성 플랑크톤과 동물성 플랑크톤이 급증하면서 바닷물이 붉게 물드는 현상이다. 발생 원인은 녹조와 비슷한데, 바람과 물의 흐름을 따라 멀리 퍼진다. 녹조는 호수와 강 등 하천에 생기지만, 적조는 바다에서 발생한다.

부산일보 기사 등 참조

토론

작은 실천이 녹조를 막는다

가정에서 세제 덜 사용하기부터 시작해야

경기도 파주에 사는 주부 최선숙 씨는 얼마전 초등학생 딸과 함께 생활협동조합에서 마련한 '생명 학교'에 참석했다. '녹조와 환경 살림'이라는 주제로 열린 강의가 끝난 뒤 최 씨는 "평소 국민들의 작은 실천이 녹조를 막을 수 있다는 사실을 깨달았다."고 말했다. 그리고 "집에서 매일 사용하는 비누와 샴푸, 주방세제도 친환경 제품으로 하나씩 바꾸겠다."고 밝혔다. 초등학생 딸도 "앞으로는 먹고 남은 음식물 쓰레기를 제대로 버리고, 학교에서 하천 쓰레기 줍기 봉사를 나갈 때마다 열심히 참여할 것."이라고 말했다.

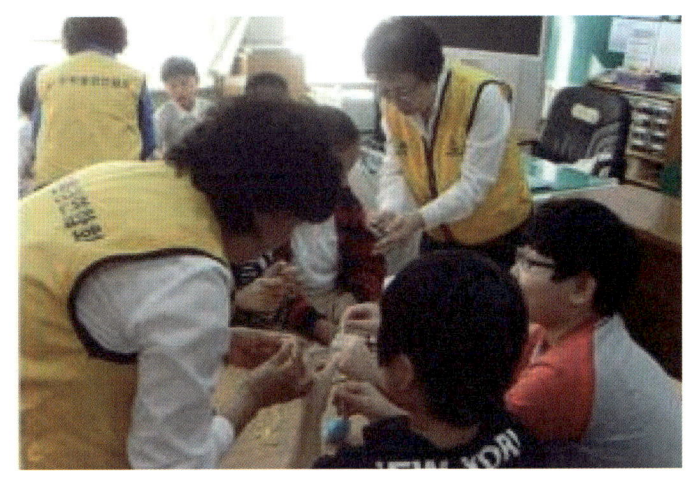
▲주부 환경 단체 회원들이 초등학생들에게 세제를 쓰지 않는 친환경 수세미를 만드는 방법을 가르치고 있다.

녹조를 막으려면 공장이나 농장 운영자들의 협조도 필요하다. 공장에서 버리는 폐수와 화학 약품, 농장에서 버리는 농약과 가축의 배설물 등이 수질 오염의 원인이 되므로 버릴 때 제대로 처리해야 한다.

정부는 녹조를 예방하기 위해 수질 오염을 막고 물의 흐름이 좋도록 꾸준히 관리해야 한다. 오염 물질 배출을 수시로 단속하고, 관리 인력도 늘려야 한다.

환경 운동 단체는 최근 기자 회견에서 "낙동강에 녹조가 확산되면서 주민의 불안과 걱정이 이만저만이 아니다"라며 "정부는 낙동강 보의 수문을 완전히 열고, 필요하면 보를 허무는 일까지 검토해야 한다."고 주장했다.

한국경제 기사 등 참조

이런 뜻이에요
생활협동조합 생활 필수품을 생산자들에게 직접 사들여 조합원들에게 값싸게 파는 조합.

토론

정부가 나서서 오염 물질 발생 미리 막아야

▲독일의 한 하수 처리장. 하수 처리 과정을 체계적으로 운영한다.

　녹조 현상은 외국에서도 문제가 심각하다. 그럼 선진국들은 녹조를 막기 위해 어떤 노력을 기울일까.

　미국은 정부가 항상 오염 물질 관리에 힘을 쏟는다. 축산 농가에서 버리는 비료와 가축 배설물 등이 하천에 흘러 들어가지 않도록 경영자들을 철저히 교육한다. 가축들이 하천에 접근하는 것을 막기 위해 목장을 만들 때부터 둘레에 담을 쌓기도 한다.

　독일에서는 물을 사용한 사람이 직접 오폐수를 깨끗하게 처리해 버려야 한다. 공장이나 농장 운영자는 두세 단계에 걸쳐 폐수를 자체 처리한다. 정부가 예고 없이 수질 검사에 나서는 등 단속도 철저하다. 이러한 노력 덕분에 독일은 하수 처리율이 95퍼센트를 넘는다.

　우리나라는 2002년부터 폐수 처리를 단속하는 권한이 정부에서 지방자치단체로 넘어갔다. 축산 농가의 경우 폐수를 자체 처리하거나 해당 지방자치단체에 신고한 뒤 처리해야 한다. 그런데 정부(환경부) 조사 결과 한 지방자치단체는 지난 10여 년 동안 한 차례도 유해 물질 배출 조사를 하지 않았다. 또 검사 대상 89곳 가운데 23곳은 허가도 받지 않은 물질을 배출했다. 선진국과 비교했을 때 관리와 단속이 철저하지 못한 것이다.

서울신문 기사 등 참조

생각이 쑤욱

1 4대강에 녹조가 생긴 원인을 말해 보세요.

2 아래 예를 든 뜻풀이에 맞는 단어들을 보기에서 찾아 빈칸에 넣으세요.

(보기) 녹조, 적조, 조류, 부영양화

1	식물성 플랑크톤과 동물성 플랑크톤의 수가 갑자기 증가해 바닷물이 붉은색을 띠는 현상	
2	강이나 바다가 오염되어 영양 물질이 많이 늘어나는 현상	
3	가장 단순한 구조의 수중 식물인데, 광합성에 사용하는 색깔에 따라 종류가 구분됨	
4	식물성 플랑크톤의 수가 갑자기 증가해 하천의 물이 녹색을 띠는 현상	

머리에 쏘옥

식물성 플랑크톤 '조류'

조류는 잎과 줄기, 뿌리 구분이 없는 가장 단순한 구조의 수중 식물을 말합니다.

광합성을 하지만 꽃이나 열매는 맺지 않아요. 광합성에 사용하는 색깔에 따라 녹조류와 홍조류, 갈조류, 남조류 등으로 구분합니다. 어떤 남조류는 살기 위해 경쟁하는 과정에서 독성 물질을 내뿜는다고 해요.

조류는 비가 와서 수온이 떨어지면 자연스럽게 사라집니다. 하지만 미생물에 의해 분해되는 과정에서 산소 부족으로 물고기가 떼죽음하는 등 피해를 주기도 합니다.

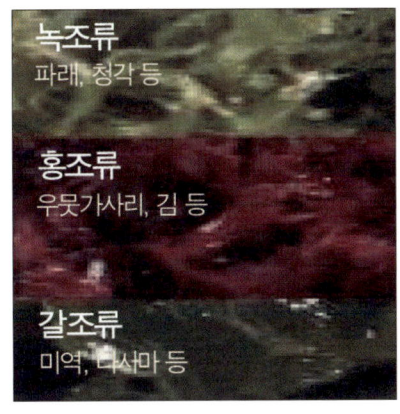

녹조류
파래, 청각 등

홍조류
우뭇가사리, 김 등

갈조류
미역, 다시마 등

3 녹조 현상 때문에 어떤 문제가 발생하는지 아래 빈칸을 차례대로 채워요.

① 식물성 플랑크톤이 증가한다.

↓

②

↓

③

↓

④

생각이 쑤욱

4 아래 제시한 글을 읽은 뒤 이파카라이호수가 오염되기 전에 파라과이 국민과 정부가 주의했어야 할 점을 세 가지만 들어보세요.

> 이파카라이호수는 약 30년 전에는 맑은 물과 아름다운 경치 덕분에 관광지로 이름을 날렸다. 하지만 주변 마을에서 생활 폐수를 마구 쏟아내고, 공장에서 산업 폐수를 버리는 바람에 심하게 오염되었다. 물고기들이 떼죽음하고, 주민들은 마스크를 써야 할 정도로 악취가 심했다. 녹조 때문에 물은 짙은 녹색을 띠었고, 물속도 전혀 들여다볼 수 없게 되었다. 관계 당국이 호수의 수질을 개선하기 위해 뒤늦게 하수 처리 시설을 설치하는 등 노력하고 있지만, 과거 상태로 돌리려면 오랜 시간이 걸릴 것으로 보인다.

머리에 쏘옥

부영양화란

부영양화는 그리스어에서 나왔는데, '영양분이 풍부하게 공급되었다'는 뜻이에요.

하천이 생활 폐수와 산업 폐수, 가축의 배설물 등으로 오염되면 질소나 인 같은 영양 물질이 많아져요. 영양 물질이 늘어나면 조류의 성장과 번식이 매우 빨라지지요.

이때 영양 물질을 먹이로 하는 부유 생물(식물성 플랑크톤과 동물성 플랑크톤)의 수도 급격히 늘어납니다. 이렇게 부영양화된 하천에서는 녹조가, 바다에서는 적조가 일어난답니다.

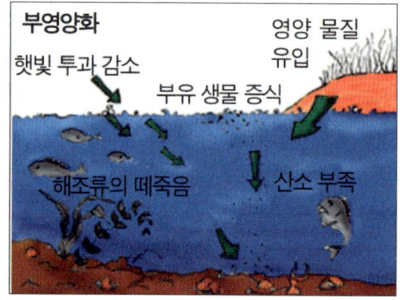

5 미국이나 독일 같은 선진국들이 녹조를 예방하기 위해 가장 중요하게 생각하는 것은 무엇이며, 왜 그런지도 설명하세요.

생각이 쑤욱

6 독일 뮌헨시는 구불구불했던 이자강을 바르게 펴는 작업을 마친 뒤 홍수가 더 심해지는 등 문제가 생겼어요. 정부가 4대강의 녹조 확산을 막으려면 어떻게 해야 하는지 이자강 살리기 사례를 들어 1분간 주장해 보세요.

머리에 쏘옥

독일의 이자강 살리기

이자강은 독일 뮌헨시의 도심을 통과하는 하천이에요. 150여 년 전 홍수 예방과 수로 개발을 위해 구불구불했던 하천을 곧게 펴는 작업을 했어요. 그런데 공사를 하기 전보다 홍수 문제가 더 심각해지고 말았대요.

뮌헨시는 이자강을 살리기 위해 복원 사업을 추진했어요. 콘크리트로 제방을 쌓아 물만 가득했던 수로를 허물고, 하천도 원래 모습대로 되돌려 놓았답니다.

이자강은 모래섬까지 들어서면서 멋진 자연 하천으로 탈바꿈했고, 뮌헨시민들이 편히 쉴 수 있는 휴식 공간으로 재탄생했어요.

▲독일 뮌헨시민들이 이자강에서 쉬는 모습.

7 작은 실천이 녹조를 막을 수 있어요. 우리 가족이 실천할 수 있는 일을 찾아 계획표를 만들어요.

나	예) 양치질할 때 치약 대신 소금을 사용한다.

한강 등 4대강의 녹조 발생이 해마다 되풀이되고 있습니다. 4대강을 개발할 때 만든 보가 물의 흐름을 막았기 때문입니다. 녹조는 수온이 높고, 물 흐름이 느리기 때문에 생깁니다. 물에 오염 물질이 많이 흘러 들어가 수중에 영양 물질이 급증해도 생기지요. 녹조가 발생하면 물고기들이 떼죽음하고, 식수원을 오염시켜 사람의 건강을 위협하기도 합니다. 녹조를 막으려면 평소 가정에서 세제 등을 덜 사용하는 등 친환경 생활을 하는 것이 좋습니다. 공장이나 농장에서도 오폐수와 가축 배설물 등을 깨끗이 처리해 버려야 하지요. 무엇보다 정부가 수질을 철저하게 관리하는 일이 중요합니다.

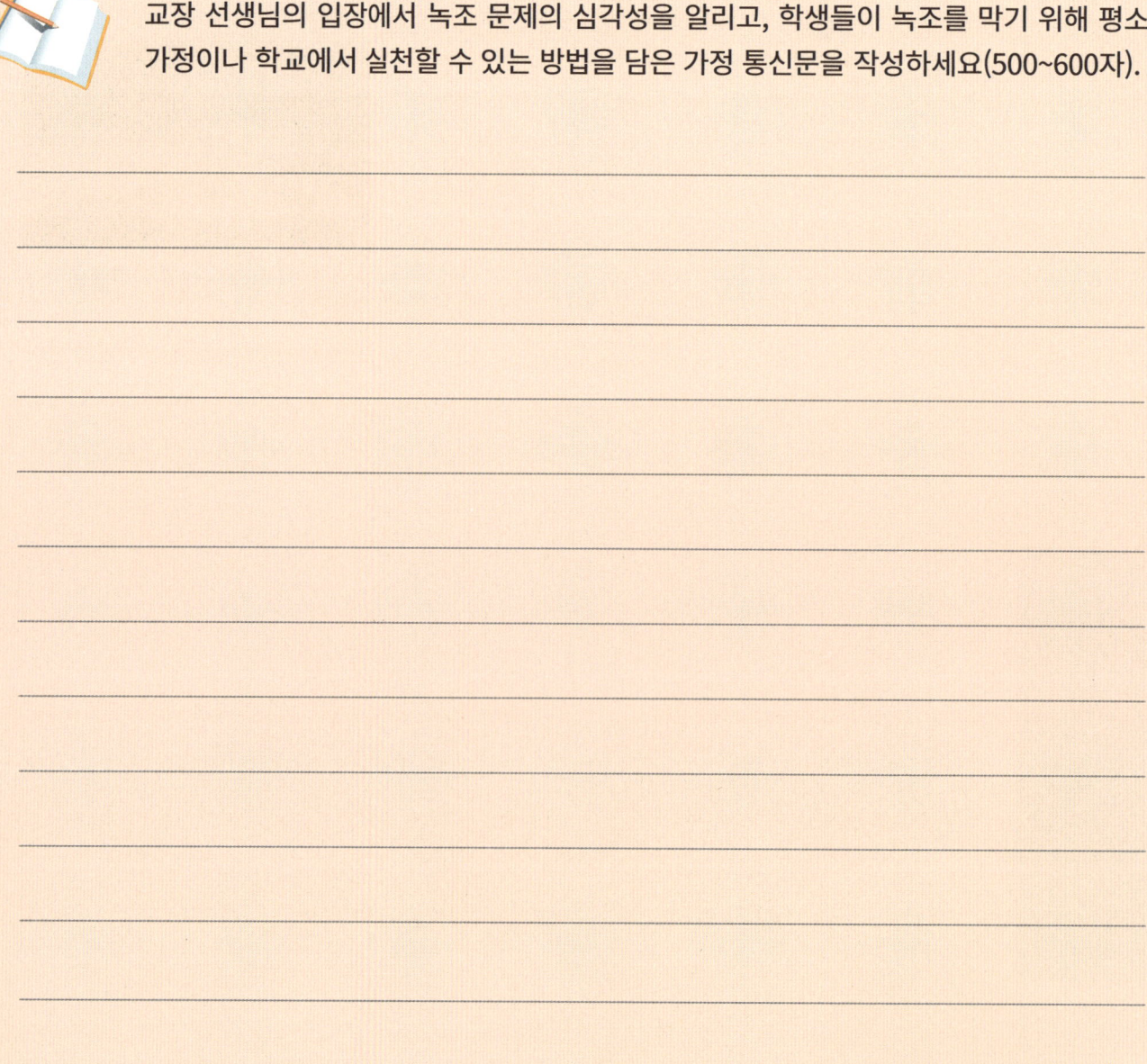

교장 선생님의 입장에서 녹조 문제의 심각성을 알리고, 학생들이 녹조를 막기 위해 평소 가정이나 학교에서 실천할 수 있는 방법을 담은 가정 통신문을 작성하세요(500~600자).

09 기록 문화란 무엇인가

▲꾸준히 쓴 일기는 훗날 자신에 관한 소중한 기록이 된다. 어린이들이 각자 쓴 관찰 일기, 감상 일기, 영어 일기를 들어 보이고 있다.

조선 시대 사람들은 어떤 옷을 입고 어떤 음식을 먹으며 살았을까요? 일 년 전 오늘 무슨 일이 있었을까요? 이 질문에 답할 수 있는 것은 '기록'이 있기 때문입니다. 기록은 '나중에 남길 것을 목적으로 어떤 사실을 적는 것'입니다. 기록을 통해 우리는 과거를 되돌아보며 더 나은 미래를 만들 수 있답니다. 기록에 대해 공부하며 기록하는 습관이 얼마나 중요한지 탐구합니다.

이런 걸 공부해요

이슈 과거와 현재를 이어주는 기록

◆ 관리 소홀한 조상들의 위대한 기록 문화
◆ 기록을 소중히 여긴 우리 조상

토론 기록이 삶을 풍요롭게 한다

◆ 벽화서부터 컴퓨터에 이르기까지 기록 방법 진화
◆ 기록 습관이 성공을 만든다

이슈 과거와 현재를 이어주는 기록

관리 소홀한 조상들의 위대한 기록 문화

기록은 인류의 역사 탄생과 함께 시작되어 인류의 발전에 큰 영향을 끼쳤다. 나랏일에 필요한 세금을 걷을 때나 군인을 뽑을 때 국민의 수와 나이, 재산 등을 적은 기록이 필요했다. 사회 질서 유지에 필요한 법, 건축할 때 쓰인 설계도와 공사 과정을 남기기 위해서도 기록이 필요했다.

우리 민족은 다른 민족보다 앞선 기록 문화를 가지고 있었

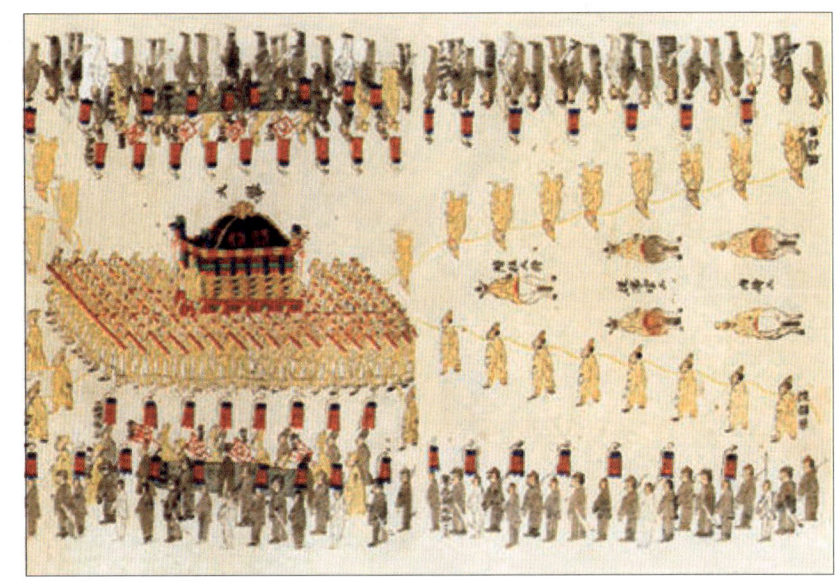
▲컬러 사진 같은 '조선왕조의궤'의 일부.

다. 특히 고려 시대와 조선 시대에는 기록 문화가 발달한 덕에 나라에서 벌어진 일을 자세히 기록해 훌륭한 유산으로 남겼다. 대표적으로 고려 시대의 팔만대장경판과 조선 시대의 훈민정음, 조선왕조실록, 조선왕조의궤 등을 들 수 있다. 이들 기록물은 유네스코(UNESCO)의 세계기록유산에도 올라 있는데, 우리나라는 2017년 4월 현재 모두 13건의 세계기록유산을 보유하고 있다.

하지만 이들 기록물은 일본의 침략으로 일어난 임진왜란(1592~98)과 중국 청나라의 공격을 받은 병자호란(1636), 일본에게 나라를 빼앗겼던 일제강점기(1910~45)를 거치며 외국에게 빼앗기거나 도난당한 것이 많다. 따라서 정부가 기록물 보관과 관리에 소홀하다는 지적을 받고 있다.

전문가들은 도난당하거나 빼앗겨서 해외에 있는 우리 기록 유산이 많다며, 적극적인 반환 노력이 필요하다고 말한다.

경향신문 기사 등 참조

이슈

기록을 소중히 여긴 우리 조상

유네스코 세계기록유산에 등재된 우리 기록물은 2017년 4월 현재 『동의보감』을 포함해 훈민정음과 조선왕조실록 등 13건이다. 이로써 우리나라는 아시아에서 최고 많은 세계기록유산을 보유한 국가가 됐다.

조선왕조실록은 조선을 세운 태조 이성계부터 제25대 왕인 철종까지 472년(1392~1863) 동안의 역사를 일이 일어난 순서대로 쓴 책이다. 세계에서 가장 오랜 세월에 걸쳐 기록됐고, 분량도 1893권 888책에 이를 정도로 어마어마하다. 조선왕조실록에는 조선 시대의 정치와 외교, 군사, 법률, 산업, 교통, 풍속, 종교 등 각 분야의 역사적 사실이 실려 있다. '사관'이라 불리는 전문 관리가 기록을 관리했다.

승정원은 왕의 비서실 역할을 했던 조선 시대의 국가 기관이다. 여기서 나랏일을 날마다 기록한 일기가 바로 승정원일기다. 날씨부터 그날그날 왕이 한 일과 주변에서 일어난 일을 상세히 기록했고, 왕에게 올라온 상소나 문서도 원본 그대로 실었다. 또 왕의 표정과 감정을 생생하게 떠올릴 수 있을 정도로 자세하게 기록했다. 조선왕조실록을 펴낼 때 기본 자료로 이용했다.

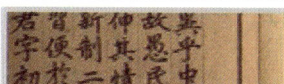
훈민정음('97년 지정)

조선왕조실록('97년 지정)

직지심체요절('01년 지정)

승정원일기('01년 지정)

조선왕조의궤('07년 지정)

팔만대장경('07년 지정)

동의보감('09년 지정)

조선 시대 600여 년 동안 왕의 결혼식을 포함해 세자 책봉, 장례식, 궁궐 건축 등을 글과 그림으로 기록해 둔 의궤는 왕실에서 후대에 비슷한 행사를 치를 때 본보기로 삼기 위해 만들어졌다. 의궤에는 행사를 치르는 동안 필요한 모든 것이 담겨 있다. 특히 글로 된 기록뿐 아니라 행사에 참여한 사람들의 행렬을 그린 '반차도'라는 그림 기록도 남겨, 조선 시대의 왕실 행사를 생생하게 엿볼 수 있다.

『동의보감』은 선조와 광해군의 의사였던 허준이 1610년 글을 썼고, 1613년 왕실 의료 기관인 내의원이 목판으로 만들어 낸 백과사전식 의학 책이다. 임진왜란으로 전염병이 돌고 아픈 사람이 많이 생기자 주변에서 구할 수 있는 약으로 병을 치료할 수 있는 방법을 적었다. 『동의보감』은 중국, 일본, 베트남에도 전파돼 400여 년 동안 30여 차례 발행되며, 기초 연구서로 활용되는 등 조선 의학의 높은 수준을 널리 알렸다.

경향신문 기사 등 참조

토론 기록이 삶을 풍요롭게 한다

벽화서부터 컴퓨터에 이르기까지 기록 방법 진화

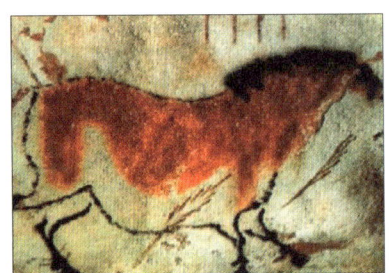

◇알타미라 동굴 벽화=스페인 북부의 알타미라 동굴 안에서 발견된 그림이다. 이 그림은 사냥을 잘할 수 있게 해 달라는 소망을 담아 그렸다. 이처럼 종이와 문자가 발명되기 전에도 인류는 동굴 벽 또는 바위 벽 등에 흙이나 재를 이용해 기록을 남겼다.

◇키푸=고대 잉카인은 다양한 굵기와 색깔의 끈에 여러 종류의 매듭을 서로 다른 위치에 만들어 정보를 기록하는 '키푸'를 사용했다. 노란색 끈은 금, 하얀색 끈은 은, 붉은색 끈은 군사를 의미했으며, 매듭의 방향에 따라 1부터 10000까지 숫자를 표시할 수 있었다. 키푸는 특별한 교육을 받아야 읽을 수 있었으며, 잉카의 왕들이 나라를 다스리는 데 큰 도움을 줬다.

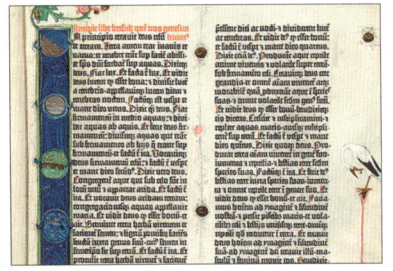

◇종이의 발명=기원전 100년경 중국에서 최초로 종이가 발명되었다. 식물을 죽처럼 으깨 물을 넣고 끓인 뒤 체로 걸러 남는 것을 말려 만들었는데, 유럽으로 전파돼 지금도 가장 널리 쓰이는 기록 수단이 됐다. 종이는 가볍고 보관이 간편하며 펜 등을 이용해 간단하게 기록할 수 있는 게 장점이다.

◇영상 기록 수단=기술의 발달로 전자 기기가 등장하며 기록의 폭이 훨씬 넓어졌다. 보고 들은 것을 글자나 그림으로 기록할 수밖에 없었던 과거에 비해, 기록하고 싶은 장면을 소리나 영상으로 담아 남길 수 있는 기록 수단은 영화, 사진, 음악 등 발전에 큰 영향을 미쳤다.

◇컴퓨터=종이 대신 모니터, 손글씨 대신 마우스나 키보드를 이용해 기록할 수 있다. 컴퓨터는 기록의 역사에 큰 변화를 일으켰다. 적은 공간에 방대한 자료를 저장할 수 있을 뿐 아니라, 영상과 문서 등 다양한 자료를 모두 저장할 수 있기 때문이다.

한국일보 기사 등 참조

토론

기록 습관이 성공을 만든다

여자 축구 선수 여민지(1993~)는 2010년 '17세 이하 여자 월드컵'(FIFA U-17)에서 8골을 넣으며 한국팀의 우승을 이끌었다. 그는 그때 인터뷰에서 박지성 선수가 초등학교 때부터 일기를 써서 큰 선수가 될 수 있었다는 이야기를 듣고, 자신도 일기를 쓰기 시작했다고 밝혔다. 그가 초등학교 4학년 때부터 기록한 6권의 일기장에는 자신의 고쳐야 할 부분부터 반성과 각오가 들어 있다. 이 기록을 바탕으로 그는 자신을 점검하고 노력한 끝에 영광을 이룰 수 있었다.

꾸준한 메모 습관은 이처럼 성공을 부른다. 이탈리아의 천재 미술가 레오나르도 다빈치(1452~1519), 미국의 발명왕 에디슨(1847~1931), 흑인 노예를 해방시킨 미국의 제16대 대통령 링컨(1861~65), 노벨 평화상을 받은 김대중(1924~2009) 전 대통령도 지독한 메모광이었다. 이들 모두 자신의 성공이

▲여민지의 일기. 그림으로 그날 배운 축구 기술을 정리했다.

품 안에 작은 메모지와 필기구가 있었기 때문에 가능했다고 한다.

기록은 '과거의 것'으로 생각하기 쉽다. 그러나 성공한 사람들의 메모에는 '되고 싶은 모습', 즉 미래가 담겨 있다. 전문가들은 기록을 통해 앞으로 되고 싶은 모습을 떠올리고, 실패한 기록을 통해서는 약점을 극복할 수 있다고 말한다.

국민일보 기사 등 참조

생각이 쑤욱

1. 학교에서 기록문화전시회가 열려요. 내 기록물 가운데 전시회에 낼 것을 한 가지만 정하고, 그 전시물이 왜 기록으로 가치가 있는지 설명하세요.

전시물 이름 :

2. 기록이 없다면 어떤 점이 불편할지 기사에서 세 가지만 찾아요.

3. 직업마다 필요로 하는 기록은 달라요. 다음 직업을 가진 사람들이 어떤 기록을 남겼을지 생각해요.

의사	교사
탐험가	동물 조련사

머리에 쏘옥

세계기록유산

유네스코가 세계의 귀중한 기록물을 보존·활용하기 위해 1997년부터 2년마다 선정하는 세계적 가치가 있는 귀중한 기록 유산을 말합니다.

우리나라는 1997년 국보 제70호인 훈민정음과 제151호인 조선왕조실록 2건이 선정되었습니다. 2001년에 국보 제303호인 승정원일기와 현재 세상에 남아 있는 것들 가운데 가장 오래된 금속활자본인 직지심체요절이 등재되었습니다. 직지심체요절의 등재 이후, 이를 기념하고 우리나라가 보유한 세계기록유산 보호에 더 힘을 쓰기 위해 유네스코와 우리 정부는 2004년 '유네스코 직지 세계기록유산상'을 만들어 기록 보호에 힘을 쓰는 사람들에게 상을 주고 있어요.

그 뒤 2007년 조선왕조의궤와 '팔만대장경판 및 제경판'이 기록 유산으로 지정되었답니다.

그리고 2009년에는 허준의 『동의보감』(1613)이 등재되었고, 뒤이어 일성록(2011), 5·18 기록물(2011), 난중일기(2013), 새마을운동 기록물(2013), 한국의 유교책판(2015), KBS 특별 생방송 '이산가족을 찾습니다' 기록물(2015) 등이 등재되어 우리나라의 세계기록유산은 모두 13건으로 늘어났습니다.

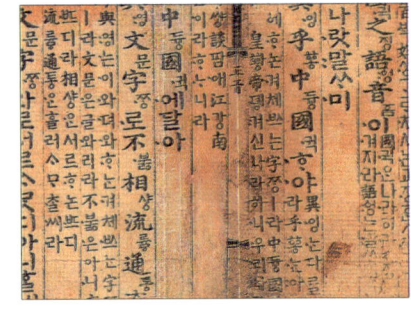

▲ 훈민정음

생각이 쑤욱

4 세계기록유산이 되려면 어떤 조건을 갖춰야 할까요?

5 모든 기록에는 그 기록을 남긴 이유가 있어요. 우리 조상이 다음 기록을 남긴 이유를 설명해요.

조선왕조실록	
조선왕조의궤	
승정원일기	
동의보감	

머리에 쏘옥

함무라비 법전

바빌로니아인들이 인류에게 남긴 가장 큰 재산은 바로 '함무라비 법전'입니다. 이 법전은 기원전 1750년경 바빌로니아에서 함무라비왕 때 만들어졌습니다. 함무라비 법전은 2.25미터 높이의 딱딱한 돌기둥에 쐐기문자로 새겨져 있습니다. 그래서 이 법전은 거의 4000년이 지난 오늘까지도 처음 모습 그대로 남아 있습니다.

이 법전은 당시 사회의 구성원들이 3계급으로 이루어졌음을 보여 줍니다. 첫 번째 계급은 지배 계급이고, 두 번째 계급은 일반 백성이고, 세 번째 계급은 노예였습니다. 따라서 함무라비 법전은 세 가지 종류가 있어서 같은 죄를 지었어도 계급에 따라 다른 형벌을 줬습니다.

함무라비 법전은 '눈에는 눈, 이에는 이'라는 말로 유명합니다. 어떤 사람이 다른 사람의 눈을 멀게 했으면 그 사람의 눈도 멀게 하라는 것이 원칙입니다. 함무라비 법전에서는 여자도 재산을 가질 수 있고, 노예라도 돈이 있으면 자신의 자유를 살 수 있다고 적혀 있습니다.

▲ 바빌로니아의 쐐기문자.

생각이 쑤욱

6 기술의 발달에 따라 기록 수단은 변해요. 미래에는 어떤 기록 수단이 나올지 두 가지 이상 생각해 보세요.

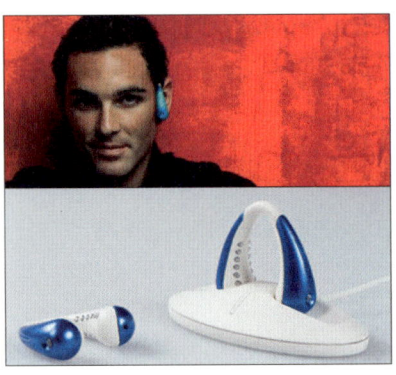

▲감정에 반응하는 카메라. 귀에 끼고 다니면 심장 박동이 빠르게 뛰는 순간 주변 상황을 찍어 기록으로 남긴다.

7 성공한 인물 중에는 기록을 잘하는 사람이 많습니다. 기록을 잘하면 왜 성공할 수 있을까요?

머리에 쏘옥

직지심체요절

1377년 만들어진 직지심체요절은 여러 불교 서적 중 좋은 것만 가려 뽑은 내용을 청주 흥덕사에서 활자로 찍어 만든 것입니다.

직지심체요절은 부처의 덕과 가르침을 찬미하는 노래, 큰스님들의 가르침의 대화 등을 상·하 2권에 담았으나, 상권은 전해지지 않고 하권은 프랑스 국립도서관에 보관되어 있습니다.

조선 말기에 조선에 왔던 프랑스인이 이 책을 발견해 프랑스로 가지고 갔기 때문이지요.

직지심체요절은 세계에서 가장 오래된 금속 활자 인쇄본으로 유명합니다. 최초의 금속 활자 인쇄본으로 알려져 있던 독일 구텐베르크의 '42행 성서'보다 78년이나 앞서 만들어졌습니다.

구텐베르크 성경

1440년 이전까지만 해도 유럽에는 활자로 인쇄되어 펴낸 책은 한 권도 없었습니다. 사람이 일일이 손으로 베껴 묶어 놓은 책이 전부였지만 그 책은 매우 비싸 귀족만 사 볼 수 있었어요.

그런데 1452년에 독일의 구텐베르크라는 사람이 서양에서는 최초로 활자를 발명해 한꺼번에 많은 책을 찍어 내는 기술을 발명했답니다.

구텐베르크의 금속 활자 개발에 따라 대량으로 책이 만들어졌고, 이로 인해 책값은 떨어지게 되어 많은 사람들이 싼값에 책을 사 다양한 지식을 얻을 수 있었습니다.

행복한 논술

기록의 역사는 인간의 역사와 시작을 같이합니다. 그만큼 기록은 인류에게 중요한 의미를 가집니다. 기록을 잘해 두고 늘 살핀다면 같은 실수를 반복하지 않을 수 있고, 더 나은 미래를 계획하는 데도 도움이 됩니다.

기록의 중요성을 설명하고, 올 한 해 목표를 세운 뒤 실천 과정을 일기로 기록하는 과정을 통해 성장하는 모습을 보이겠다는 다짐문을 써 보세요(500~600자).

10 효도해야 성공한다

▲서울 대방초등학교 학생들이 부모님께 감사하는 마음을 표현한 효도 엽서를 쓴 뒤 환하게 웃고 있다.

가족이 부모를 모셔야 한다고 생각하는 청소년이 3분의 1밖에 되지 않는 것으로 조사되었습니다. 10년 새 절반으로 줄어든 것이죠. 부모를 부양하지 않는 자식에게 부양비를 청구하는 재판까지 벌어지고 있습니다. 우리나라에서 이처럼 효 정신이 약해진 까닭을 알아보고, 초등학생이 효를 실천할 수 있는 방법을 탐구합니다.

▣ 이런 걸 공부해요

이슈 효자·효녀가 줄어든다

◆ 부모 봉양 싫어하는 자식 늘어… 효 교육 필요
◆ 효도하는 정신 왜 약해졌나

토론 효를 실천하는 방법

◆ 효를 실천하는 방법 달라도 공경하는 마음 담겨야

이슈: 효자·효녀가 줄어든다

부모 봉양 싫어하는 자식 늘어… 효 교육 필요

증자(기원전 506~기원전 436)는 늙은 아버지에게 아침저녁으로 술과 고기를 대접했다. 아버지는 상을 물릴 때마다 "술과 고기가 아직도 남은 게 있느냐?"고 물었다. 그러면 증자는 늘 많이 남아 있다며 아버지를 안심시켰다. 증자의 아버지가 세상을 떠나고 증자가 아들의 봉양을 받게 되었다. 아들도 증자의 밥상에 늘 술과 고기를 올려드렸다. 증자는 아버지처럼 "술과 고기가 남은 게 있느냐?"고 물었다. 그러면 아들은 이제 없다고 대답했다.

▲대법원은 2014년에 부모가 자식에게 재산을 물려주고 생활비를 받는 '자식연금'을 인정했다.

과거 우리 사회에서는 부모에게 효도하는 것을 당연하게 여겼다. 하지만 요즘에는 증자처럼 효도하는 자식의 모습을 찾기 어렵게 되었다. 정부 조사 결과에 따르면 가족이 부모를 돌봐야 한다고 생각하는 청소년이 10년 새 절반인 35.6퍼센트로 줄었다.

그러다 보니 부모를 봉양했을 경우 법적으로 세금 혜택을 인정해 주는 '자식연금'까지 생겼다. 대법원이 지난 2014년에 자식이 부모의 주택을 넘겨받고, 그 대가로 매달 얼마씩 생활비를 지급한 경우 증여세를 내지 않아도 된다고 판결한 것이다.

전문가들은 "효 정신이 약해져 노년을 어렵게 보내는 부모들이 늘어나고 있다"며 "가정이나 학교에서 효 실천 교육이 제대로 이뤄지지 않았기 때문."이라고 지적했다.

세계일보 기사 등 참조

이런 뜻이에요
증자 옛날 중국의 유학자. 공자가 만든 유교의 가르침을 이어받아 발전시켰다.
대법원 법을 해석하고 적용하는 것을 담당하는 우리나라 최고의 법원.
증여세 다른 사람에게 공짜로 재산을 얻은 사람이 내는 세금.

이슈

효도하는 정신 왜 약해졌나

"부모가 나를 부르시거든 빨리 대답하고 달려가라."

'소학'에 나오는 말이다. 옛날에는 어린이들이 여덟 살 무렵부터 소학을 읽으며 효가 무엇인지 배웠다.

효는 자신에게 생명을 주고, 키워 준 부모에게 은혜를 갚는 일이다. 부모가 살아 계실 때 정성을 다해 모시고, 돌아가신 뒤에도 묘 옆에 조그맣게

▲충북 청원의 한 효자가 시묘살이의 모습을 보여 주고 있다.

초가집을 짓고 3년 동안 지내며 묘소를 돌보는 시묘살이를 할 정도였다. 제사를 지내며 조상도 받들었다. 효자는 나라에서 효자비를 세워 칭찬했지만, 불효자는 사람들에게 거센 비난을 받아야 했다.

▲조상들은 '孝'(효)자를 새긴 문자도를 보며, 효를 실천하려는 의지를 다지기도 했다.

효를 이처럼 강조한 이유는 효가 모든 행실의 근본이라고 여겼기 때문이다. 가정에서 배운 효 정신이 어른을 공경하는 마음과 나라를 사랑하는 마음으로 확대된다고 봐서 그렇다.

오늘날 효 정신이 약해진 까닭은 가정과 학교에서 제대로 된 효 실천 교육이 이뤄지지 않았기 때문이다.

가정에서 자식들이 어렸을 적부터 부모가 효도하는 모습을 보고 배워야 하는데, 핵가족화해서 그럴 기회가 부족했다. 부모가 자녀를 귀하게 여겨 버릇을 잘못 들인 탓에 자기밖에 모르는 이기적인 사람으로 자란 탓도 크다. 학교에서도 성적만 강조하고 인성 교육은 부족했다. 사회 분위기도 효 문화를 낡고 귀찮은 것으로 여기는 경향이 강하다.

국민일보 기사 등 참조

이런 뜻이에요

소학 8세 안팎의 어린이들이 배워야 할 예절과 충신·효자의 얘기 등을 모아 놓은 책. 중국 송나라의 유자징(1163~1232)이 1187년 완성했다.
핵가족 부모와 결혼하지 않은 자녀만으로 구성된 가족.

효를 실천하는 방법

효를 실천하는 방법 달라도 공경하는 마음 담겨야

공자(기원전 551~기원전 479)는 부모님이 주신 몸을 훼손하지 않는 것이 효도의 시작이며, 부모님의 뜻을 받들어 훌륭한 사람이 되는 것이 효도의 완성이라고 말했다.

효를 실천하는 방법은 시대에 따라 바뀌고, 사람에 따라 다를 수 있다. 하지만 부모님께 감사하고 공경하는 마음을 가지고, 부모의 몸과 마음을 편안하게 해 드리는 정신에는 변함이 없다.

경남 창원의 양덕초등학교는 자신의 생일 감사 주간을 정해, 일주일 동안 부모님께 효를 실천하며 생일의 의미를 되새겨 화제다. 생일은 자신의 탄생을 기념하는 날이기도 하지만, 자신을 낳아 길러 준 부모님께 감사의 마음을 가져야 하는 날이기도 하다.

▲양덕초등학교의 한 학생이 아버지의 아픈 어깨를 주무르고 있다.

학생들은 생일 주간에 아침저녁으로 부모님께 큰절을 올리며 감사의 인사를 하고, 매일 한 가지씩 효행을 실천한다. 효행은 안마해 드리기나 그동안의 잘못 반성하기, 재롱 부리기, 감사 편지 쓰기, 가족과 함께 식사하기 등 각자 정해 실천하면 된다. 효행 실천 기록장에는 실천한 효의 내용과 느낌을 적는데, 부모님도 격려의 말을 남긴다.

이 학교의 한 교사는 "가정과 학교가 힘을 합쳐 효행 실천 교육을 하니 아주 효과적이었다."고 밝혔다.

▲효를 실천하면 가족들끼리 서로 사랑을 확인하는 계기가 돼 가정이 화목해진다.

경남매일신문 기사 등 참조

토론

유교

옛날 중국 공자의 가르침에서 시작된 도덕 사상. 인(仁)을 바탕으로 나라에 대한 충성과 부모에 대한 효도를 중요하게 여긴다. 인은 '어질다'는 뜻으로, 마음이 착하고 너그럽고 지혜로운 것을 말한다. 조선 시대에는 유교가 국가를 다스리는 근본 원리였고, 백성은 유교의 가르침에 따라 생활했다.

▲백성들이 유교의 가르침을 배우기 쉽게 그림으로 그렸다.

제사

조상이 돌아가신 날이나 명절에 정성껏 음식을 차려 놓고 절을 올리는 행사. 제사를 지내며 돌아가신 분을 기리고, 가족들 간의 화합을 다진다. 옛날에는 제사에 참석하는 사람과 옷차림, 상에 올리는 음식까지 정해져 있었다. 요즘에는 제사를 지내지 않거나 종교에 따라 제사의 형식을 바꾸기도 한다.

▲제사를 체험하는 어린이들.

문자도

효(孝), 제(悌), 충(忠), 신(信), 예(禮), 의(義), 염(廉), 치(恥) 등 8자를 다양하게 변형시켜 새긴 문자 그림. 그림에 쓰인 글자를 보고 그 내용을 실천하기 위해 노력했다. 부모에게 효도하고, 형제들끼리 의가 좋고, 나라에 충성하며, 신의를 잊지 않고, 예의 바르고, 의로움을 지키고, 청렴한 마음을 가지며, 부끄러움을 알아야 한다는 뜻이다.

▲문자도는 병풍 등으로 만들어 가까이 두고 본다.

생각이 쑤욱

1 정부 조사에 따르면 '가족이 부모를 돌봐야 한다'고 생각하는 청소년이 갈수록 줄고 있습니다. 내 생각은 어떠하며, 그 까닭은 무엇인가요?

부모는	가족이 돌봐야 한다.
	스스로 노후를 책임져야 한다.
	국가가 돌봐야 한다.
	기타( )
왜냐하면	

2 효 정신이 약해지면 사회적으로 어떤 문제가 생길까요?

3 효를 실천하는 사람이 늘어나게 하려면 어떤 법을 만들면 좋을지 아이디어를 내세요.

☞ 광주 남구에서는 80세 이상의 부모와 5년 이상 함께 산 자녀에게 석 달마다 5만 원씩을 지원한답니다.

상 또는 벌을 주는 기준	
상 또는 벌의 내용	
기대되는 효과	

머리에 쏘옥

'효도법' 필요할까

효 정신이 약해지면서 자식을 낳기보다는 자신의 노후를 스스로 준비하는 사람이 늘었습니다. 자식을 낳지 않으면 인류의 멸종으로 이어질 수도 있습니다.

우리나라는 효를 실천하는 사회 분위기를 만들기 위해 지난 2007년 '효행장려지원법'을 만들었어요. 효자에게는 상을 주고, 공공시설을 공짜로 이용할 수 있게 하는 등 여러 혜택을 줍니다. 이 법은 부모를 부양하지 않는다고 벌을 주지는 않아요. 그래서 중국처럼 의무적으로 부양하게 하는 법을 만들자는 사람들도 있지요. 중국은 지난 2013년에 '효도법'을 만들어, 부모를 오랫동안 찾아보지 않는 자녀에게는 벌을 줄 수 있게 했답니다.

효도법에 반대하는 사람도 있어요. 가족 문제를 법으로 해결하기는 어렵다는 것이지요.

▲한자로 '孝'(효)는 자식(子)이 늙은 부모(老)를 업은 모습이다.

생각이 쑤욱

4 우리나라의 옛날 소설 '심청전'에서 심청이 아버지를 위해 자신의 목숨을 바친 행동을 오히려 불효라고 하는 사람도 있어요. 심청이 효녀가 아니라고 주장하는 까닭은 무엇일까요?

효는 _____
_____

심청이 아버지를 위해 자신의 목숨을 바친 행동은 _____
_____
_____

그러므로 심청은 효녀가 아니다.

5 '내가 생각하는 孝(효)'를 주제로 한 컷 만화를 그리세요.

▲ '국제효만화공모전'에서 상을 받은 작품들.

머리에 쏘옥

나이 들면 버려야 할까요

불교 경전에 나오는 이야기입니다. 옛날 기로국에는 늙은 아버지를 지게에 지고 가서 산속에 버리는 풍습이 있었어요. 아들이 아버지를 버리고 돌아오는데, 함께 간 어린 자식이 지게를 챙겼어요.

"지게는 왜 챙겨?"

"이 다음에 아버지를 버릴 때 써야죠."

아들은 자식의 말에 잘못을 뉘우치고 늙은 아버지를 집으로 모셔 왔답니다.

노인 인구가 많아지면서 옛이야기처럼 부모 부양이 사회 문제가 되고 있어요. 그래서 국가가 형편이 어려운 노인들에게 생활비를 지원하는 등 여러 가지 대책을 세우고 있어요. 하지만 자녀가 반포지효(反哺之孝)의 자세를 갖는 것도 필요해요. 반포지효는 자식이 자라서 어버이의 은혜에 보답하는 효를 말해요. 새끼 까마귀가 자라서 늙은 어미에게 먹이를 물어다 주는 이야기에서 나온 말이지요.

▲ 부모는 자식을 자주 보는 것만으로도 기쁨을 느낀다.

생각이 쑤욱

6 부모님께 고마웠던 일과 부모님을 기쁘게 해 드렸던 일을 모두 말하고, 어느 쪽이 더 많은지 시소 그림으로 표현해요.

부모님께서는 나에게

나는 부모님께

7 나는 효를 잘 실천하는지 점검표에 표시한 뒤, 부족한 내용을 넣어 효 실천 다짐문을 만들어요.

내용	표시
잠자리에서 일어난 뒤나 잠자리에 들기 전에 반드시 인사를 드린다.	
외출할 때는 가는 곳과 귀가 예정 시간을 말씀드린다.	
부모님께서 외출할 때는 공손히 배웅하고, 집으로 돌아오셨을 때는 반갑게 맞는다.	
부모님께서 부르시면 즉시 대답하고 달려가 뵙는다.	
식사 준비와 청소 등 부모님의 일을 거들어 드린다.	
항상 얼굴을 밝게 하고, 형제자매 간에 다투지 않는다.	
부모님의 고향이나 좋아하시는 것 등 부모님에 관해 잘 안다.	
부모님께서 편찮으시면 정성껏 간호한다.	
작은 일에도 부모님께 감사하는 마음을 표시한다.	
중요한 일은 부모님과 의논해 결정한다.	
부모님 뜻에 따르되, 의견이 다를 때는 자신의 의견을 간곡하게 말씀 드린다.	

효 실천 다짐문

나_____는(은) 부모님께 아래와 같이 효를 실천할 것을 다짐합니다.

_____

_____

머리에 쏘옥

어떻게 효도할까

옛날 충청도에 박순철과 윤순이라는 두 효자가 살았어요. 박순철이 몹시 추운 겨울 어느 날, 윤순의 집을 찾았어요.

"효성이 지극하다고 소문이 나 배우러 왔습니다."

박순철이 보니, 윤순은 어머니를 위해 맛있는 음식을 대접하고, 따뜻한 방에 비단 이불을 깔아 드리며 극진히 모셨어요.

윤순이 며칠 뒤 박순철의 집에 찾아갔어요.

"어머님은 외출하셨습니까?"

박순철은 말없이 뒷문을 열었어요. 뒷마당에서 허름한 옷차림을 한 노인이 손을 호호 불며 눈을 쓰는 중이었어요.

"세상에 이런 불효자가 있나!"

윤순은 박순철에게 버럭 화를 냈어요.

"저는 되도록 어머님의 마음을 편안하게 모시려고 합니다. 어머님이 하고 싶은 대로 하시도록 한답니다."

행복한 논술

자식이 부모를 봉양해야 한다고 생각하는 청소년이 갈수록 줄고 있습니다. 효는 자신을 낳고 길러 주신 부모님께 감사하고 공경하는 마음을 가지고, 부모의 몸과 마음을 편안하게 해 드리는 것입니다. 그런데 오늘날 효 정신이 약해진 까닭은 가정이나 학교에서 효 실천 교육이 제대로 이뤄지지 않기 때문입니다. 효 문화를 낡고 귀찮은 것으로 여기는 사회 분위기도 문제입니다. 효의 실천 방법은 시대에 따라 바뀌고 사람마다 다르지만, 부모님을 공경하는 마음에서 나오는 것에는 변함이 없습니다. 부모님을 기쁘게 해 드릴 만한 것 가운데 자신이 잘할 수 있는 것을 하나씩 실천하면 되는 것입니다.

효란 무엇이며 오늘날 효 정신이 약해진 까닭을 설명하고, 효를 실천할 수 있는 방법을 말해 보세요(500~600자).

11 두 얼굴의 곰팡이

▲ 장마철에 곰팡이가 피는 것을 막으려면 집안 곳곳의 습기를 말리고, 깨끗이 청소해야 한다.

　곰팡이는 무더운 여름철에 집안 곳곳에서 쉽게 볼 수 있습니다. 곰팡이는 의약품이나 발효 식품을 만드는 데 쓰이기도 하지만, 피부병이나 호흡기 질환을 일으키기도 하지요. 몸에 해로운 곰팡이가 어떻게 생기는지 알아보고, 해로운 곰팡이를 없애는 방법을 공부합니다.

이런 걸 공부해요

이슈 곰팡이와 공존하는 방법

◆ 습기 많고 기온 높은 장마철에 많이 생겨
◆ 의약품 원료로 쓰이지만 질병도 일으켜

토론 해로운 곰팡이를 없애는 방법

◆ 습기 없애고 환기 자주 시켜야

이슈 곰팡이와 공존하는 방법

습기 많고 기온 높은 장마철에 많이 생겨

행복이는 아침에 식탁 위에 놓인 복숭아를 보고 깜짝 놀랐다. 어젯밤까지만 해도 멀쩡했는데, 초록색과 흰색 곰팡이가 피었기 때문이다. 행복이의 방 옷장 뒤 벽지에도 거뭇거뭇한 곰팡이가 생겨 벽지를 다시 발라야 했다. 어머니는 여름만 되면 곰팡이 때문에 골치가 아프다고 말씀하신다.

곰팡이는 습기가 많고 더운 환경을 좋아하기 때문에 특히 여름 장마철 집안 곳곳에서 발견할 수 있다.

▲ 곰팡이가 핀 복숭아.

곰팡이균은 현미경으로 들여다봐야 할 정도로 작은데, 실 모양의 균사로 이뤄져 있다. 일반 녹색 식물과 달리 스스로 양분을 만들지 못해 다른 동식물에 붙어 영양분을 얻어 먹으며 자란다. 약간의 영양분만 있으면 자라나므로 사람의 땀이나 먼지 같은 데서도 붙어 살 수 있다.

곰팡이는 꽃을 피워 씨앗을 만드는 대신 포자를 만들어 바람이나 물을 이용해 퍼뜨려 번식한다. 따라서 공기 중에는 눈에 보이지는 않지만 수많은 곰팡이 포자가 떠다닌다.

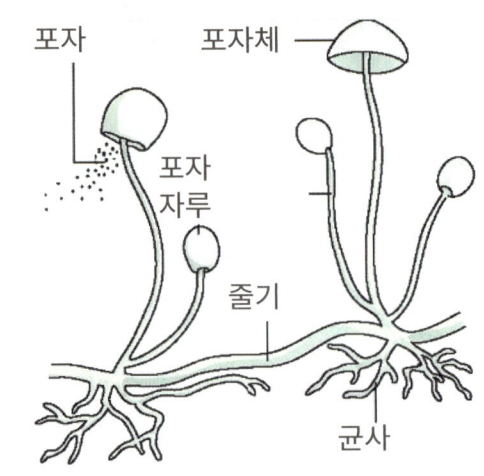
▲ 곰팡이의 생김새.

곰팡이 포자는 알맞은 습도와 온도가 갖춰진 곳을 발견하면 내려 앉아 싹을 틔우고 새로운 곰팡이로 자란다. 그래서 아무리 깨끗한 곳에 음식을 보관하고 비닐로 싸 놓아도 곰팡이가 생길 수 있는 것이다.

경향신문 기사 등 참조

이런 뜻이에요
균사 포자가 자라 생기는 실 모양의 덩어리.
포자 꽃이 피지 않는 식물의 씨앗 역할을 함(홀씨).

이슈

의약품 원료로 쓰이지만 질병도 일으켜

지금까지 지구상에서 발견된 곰팡이는 7만 가지가 넘는다. 이들 가운데는 질병을 물리치는 약을 만드는 데 쓰이거나 음식 맛을 좋게 하는 이로운 곰팡이도 있다. 그리고 사람의 몸에 붙어 질병을 일으키거나 농작물을 해치는 해로운 곰팡이도 있다.

사람에게 이로운 곰팡이는 항생제인 페니실린을 만드는 푸른곰팡이와 간장·된장 등을 발효시키는 누룩곰팡이 등을 들 수 있다. 곰팡이는 또 무좀이나 여드름, 피부염의 치료제와 친환경 농약을 만드는 원료로 이용되기도 한다.

▲ 삶은 콩에 푸른곰팡이를 띄워 만든 메주.

해로운 곰팡이는 공중에 떠다니다 주로 사람의 몸속으로 들어와 호흡기 질환과 피부염 등 여러 질병을 일으킨다. 머리에 생기는 비듬과 발에 생기는 무좀도 곰팡이 때문에 생긴다. 몸속에 들어온 곰팡이는 심한 경우 장기를 썩게 하거나 핏줄을 타고 온 몸을 돌아다니며 독을 퍼뜨리기도 한다.

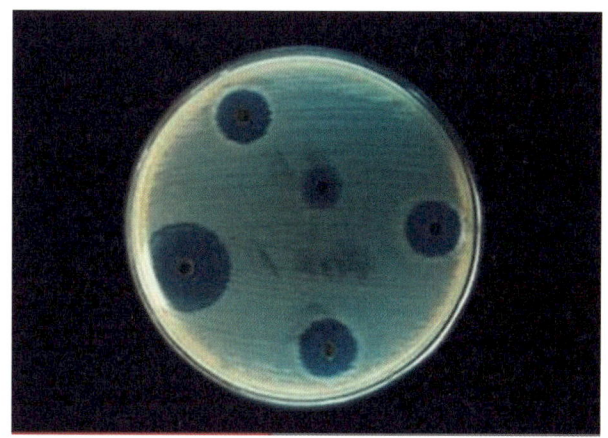

▲ 의약품을 만드는 데 쓰이는 푸른곰팡이.

나무를 썩게 만들어 목재 건축물을 못 쓰게 만드는 곰팡이도 있다. 오래된 문화재들이 피해를 많이 당한다. 농작물이 곰팡이균에 감염되어 흉년이 드는 경우도 있다. 1845년 아일랜드에서는 주식이었던 감자가 거의 모두 곰팡이균에 감염되는 바람에 100만 명 이상이 굶어 죽기도 했다.

동아일보 기사 등 참조

이런 뜻이에요

항생제 미생물이 만들어 내는 물질로 만든 약제로, 다른 미생물을 억제하거나 죽인다.

토론

해로운 곰팡이를 없애는 방법

습기 없애고 환기 자주 시켜야

곰팡이는 습기와 양분이 없으면 자라지 못한다. 따라서 습기가 많은 곳은 햇볕을 쬐게 하고, 환기를 자주 시키면 곰팡이를 없앨 수 있다.

주방은 음식물이 많고 따뜻하기 때문에 곰팡이가 서식하기 좋다. 특히 냉장고 안은 음식을 오래 놔두면 곰팡이가 피기 쉽다. 따라서 냉장고 안의 온도가 올라가지 않도록 문을 자주 여닫지 않는다. 한번 꺼낸 음식은 되도록 모두 먹는다. 음식을 비운 그릇은 오랫동안 쌓아 놓지 말고 그때그때 설거지를 하는 것이 좋다.

욕실은 물이 많고 따뜻한데다 환기가 잘 되지 않아 곰팡이가 많이 핀다. 바닥이나 벽에 묻은 물기를 깨끗이 없애야 하며, 쓰고 난 수건을 그대로 걸어두지 않는다. 목욕한 뒤에는 반드시 욕실 문을 열어 환기시키거나 환풍기를 돌린다.

공기가 잘 통하지 않는 옷장의 경우 일주일에 한 번씩은 문을 활짝 열어 둔다. 땀이 배거나 음식물 얼룩이 있는 옷은 넣지 말아야 한다.

▲ 옷장 문을 자주 열어 공기가 통하게 하면 옷에 곰팡이가 피지 않는다.

곰팡이 때문에 생기는 피부병을 막으려면 한번 신은 양말을 다음날 그대로 신지 말아야 한다. 머리를 감은 뒤에는 물기를 잘 말린다. 땀을 많이 흘렸을 때는 가벼운 목욕을 한 뒤 옷을 갈아입는다. 이불이나 베개도 햇볕에 잘 말린다.

문화일보 기사 등 참조

토론

페니실린

영국의 과학자 플레밍(1881~1955)이 1928년 발견한 물질. 세균이 일으키는 질병을 치료하는 데 쓰인다. 플레밍은 실험하기 위해 세균을 기르던 중 푸른곰팡이에서 세균을 죽이는 성분인 페니실린을 뽑아냈다. 몇 년 뒤 영국의 과학자들이 플레밍의 연구를 바탕으로 페니실린을 의약품으로 만드는 데 성공했다.

▲ 페니실린이 든 캡슐.

발효 식품

곰팡이 등이 음식의 성분을 바꿔 독특한 물질을 만들어 내는 현상. 발효 과정에서 원래 식품과는 다른 맛과 성분, 냄새를 가진 식품이 된다. 영양가도 높아지고 저장할 수 있는 기간도 길어진다. 곡류나 과일을 발효시켜 만든 술, 우유를 발효시킨 치즈나 요구르트, 콩을 발효시킨 간장이나 된장 등의 식품이 있다.

▲ 대표적 발효 식품인 메주.

습도

공기 중에 수증기가 포함된 정도. 수증기의 양이 많으면 습도가 높고, 적으면 습도가 낮다고 표현한다. 습도가 높으면 불쾌감을 쉽게 느낀다. 빨래도 잘 마르지 않으며 벽지나 벽 등에 곰팡이가 잘 핀다. 습도를 낮추려면 난방을 하거나 습기 제거제를 사용한다.

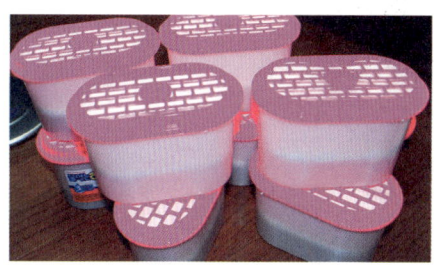
▲ 습기 제거제

생각이 쑤욱

1 여름철에 곰팡이가 많이 피는 까닭은 무엇인가요?

2 집에서 곰팡이가 잘 피는 곳을 세 군데만 대고, 그곳에서 왜 곰팡이가 잘 생기는지도 각각 설명하세요.

장소	원인

머리에 쏘옥

추운 곳 좋아하는 곰팡이도 있다

곰팡이가 무더운 여름만 좋아하는 것은 아니랍니다. 차가운 눈 속에서도 자랍니다. 이러한 곰팡이는 날씨가 따뜻해지면 여름잠을 자다 겨울이 되면 활동하지요.

초식 동물의 위 속에서 사는 곰팡이도 있습니다. 곰팡이는 위 속에서 동물이 먹은 풀을 소화시키는 데 도움을 줍니다.

식물의 뿌리에 붙어 살며 식물이 땅 속의 영양분을 잘 흡수하도록 돕기도 합니다.

어떤 곰팡이는 인조 잔디나 호스, 비닐 같은 플라스틱에 붙어 살기도 합니다. 플라스틱을 만들 때 들어가는 녹말을 양분으로 자란답니다.

습기가 많은 곳에 보관된 그림에 붙어 사는 곰팡이도 있답니다.

▲ 소나무 뿌리에 붙어 사는 뿌리 곰팡이.

3 곰팡이의 모습은 다양합니다. 아래 사진에서 곰팡이가 핀 모습을 묘사해 보세요(각각 140자 안팎).

 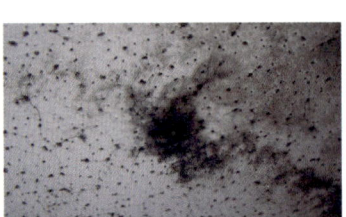 

▲ 메주에 핀 흰곰팡이.   ▲ 벽에 핀 검은곰팡이.   ▲ 귤에 핀 푸른곰팡이.

생각이 쑤욱

4 곰팡이가 없다면 자연 생태계가 어떻게 될까요?

▲ 곰팡이는 떨어진 나뭇잎을 분해해 자연으로 돌아가게 한다.

▲ 곰팡이는 곤충 등 죽은 동물을 분해해 자연으로 돌아가게 한다.

5 곰팡이의 해로움과 이로움을 참고해 곰팡이를 연구해야 하는 이유를 1분 동안 설명해요.

머리에 쏘옥

해로운 곰팡이와 이로운 곰팡이

곰팡이는 죽은 동식물을 잘게 분해해 영양분을 얻고, 나머지는 자연으로 돌려보냅니다. 이런 현상을 '썩는다' 또는 '분해한다'고 표현하지요. 곰팡이의 이러한 역할은 자연 생태계를 유지하는 데 꼭 필요합니다.

음식에 곰팡이가 피었을 경우 먹으면 안 됩니다. 곰팡이가 음식을 썩혀 분해하는 동안 몸에 해로운 독성 물질이 만들어지기 때문입니다.

하지만 치즈나 된장처럼 썩혀서 만든 식품이 오히려 건강에 더 좋을 때도 있습니다. 이러한 과정을 발효라고 합니다.

곰팡이가 생겨 똑같이 썩은 것처럼 보여도 해로운 물질로 변한 것도 있고, 이로운 물질로 변한 경우도 있습니다.

▲ 대표적인 발효 식품인 치즈.

생각이 쑤욱

6 해로운 곰팡이를 피게 만드는 내 습관은 어떤 것이 있으며, 어떻게 바로잡아야 할까요?

7 가족들이 집 안의 해로운 곰팡이를 없애기 위해 할 수 있는 일을 각자 나눠 실천해 보세요.

가족	장소	맡은 일

머리에 쏘옥

곰팡이와 집먼지진드기

집먼지진드기는 천식을 일으키는 물질을 만들어 내 건강을 해치는 해충으로 알려져 있습니다.

그런데 집먼지진드기는 곰팡이를 먹고 서식합니다. 그리고 곰팡이는 진드기의 배설물을 양분으로 삼아 자라지요. 따라서 곰팡이가 생긴 곳에는 집먼지진드기가 늘어날 수밖에 없습니다. 진드기는 또 주변을 돌아다니며 몸에 붙은 곰팡이 포자를 곳곳에 퍼뜨리지요.

집먼지진드기가 가장 많이 사는 곳은 이불이나 침대 시트, 베개 등 침구류입니다. 그리고 침구류에는 눈에 보이지 않는 곰팡이가 많이 서식합니다. 침구류에 곰팡이가 많으면 피부병이나 호흡기 질환이 생길 수 있습니다.

▲집먼지진드기와 곰팡이를 없애기 위해 약을 뿌리는 모습.

행복한 논술

곰팡이는 사람에게 이로운 것도 있고 해로운 것도 있습니다. 이로운 곰팡이는 음식을 발효시켜 맛과 영양을 더해 주기도 하고, 질병을 고치는 의약품의 원료로 쓰이기도 하지요. 죽은 생물의 사체를 분해해 자연으로 돌려보내기도 합니다. 해로운 곰팡이는 사람의 건강을 해칩니다. 곰팡이가 벽지나 침구류에 생기면 호흡기 질환과 피부병에 걸리기 쉽고, 음식물에 피면 먹고 배탈이 나기도 합니다. 몸속으로 들어올 경우 생명을 위협할 수도 있습니다. 곰팡이가 생기는 원인을 알고 주의하면 쾌적한 환경에서 건강하게 생활할 수 있습니다.

곰팡이가 사람에게 주는 좋은 점과 나쁜 점을 설명하고, 해로운 곰팡이를 없애는 방법을 설명하세요(500~600자).

12 남극대륙은 개발하면 안 될까

▲남극 킹조지섬에 있는 세종과학기지에 눈보라가 몰아치고 있다.

남극은 몹시 춥지만 아름답고 깨끗한 곳입니다. 게다가 생물 자원과 지하자원의 보고입니다. 남극에는 과거의 지구 변화가 고스란히 담겨 있어 미래의 기후 변화를 예측하는 중요한 자료로도 활용됩니다. 세계 여러 나라들은 남극의 가치에 주목하고 있습니다. 우리나라도 마찬가지입니다. 그런데 지구 온난화로 빙하가 녹고, 환경 오염이 일어나며 남극이 위기에 놓여 있습니다. 남극의 가치와 중요성을 살피고, 남극을 보호하기 위해 해야 할 일을 탐구합니다.

이런 걸 공부해요

이슈 지구 온난화로 위기에 빠진 남극대륙

- 빙붕 18년간 20퍼센트 사라져… 환경 오염 우려도
- 크릴, 극지 생물, 고체 메탄 등 각종 자원 풍부

토론 자원 선점 경쟁도 좋지만 보존도 중요

- 경제적 이용 위해 세계 각국 자리 다툼 치열
- 남극 지켜야 지구도 지켜… 국제 협력 필수

지구 온난화로 위기에 빠진 남극대륙

빙붕 18년간 20퍼센트 사라져… 환경 오염 우려도

▲남극대륙 아문센해의 빙하가 녹아내린 모습.

지구 온난화가 갈수록 심해지며 남극대륙의 얼음도 빠르게 녹고 있다. 남극대륙의 빙붕은 2016년 현재 지난 18년 동안 20퍼센트나 줄었다. 전문가들에 따르면 빙하가 흘러내리는 것을 막아 주던 빙붕이 사라지면, 빙하가 바다로 흘러드는 속도가 35퍼센트 이상 빨라진다.

미국 항공우주국(NASA)은 40년 동안 조사한 자료를 바탕으로 아문센해 주변의 빙하 녹는 속도가 돌이킬 수 없는 수준에 이르렀다고 밝혔다. 지금 온실가스 배출을 중단해도 빙하가 사라지는 것을 막기 어렵다는 것이다. 빙하가 이런 속도로 녹을 경우 21세기 안에 지구 해수면 전체가 1미터 이상 높아지는 것으로 알려져 있다. 그리고 빙하가 녹은 물이 바다에 흘러들면서 남극 바닷물의 염도가 낮아져 식물성 플랑크톤이 증가하는 등 바다 생태계도 변하고 있다.

육지에서는 꽃이 피는 식물이 자라기 시작했고, 펭귄도 급증하고 있다. 남극대륙을 찾는 관광객 수도 해마다 3만 명이 넘어가며 환경 파괴도 우려되고 있다.

전문가들은 "남극 해빙을 그대로 두면 다음 세대는 해수면 상승에 따라 재앙을 맞게 될 것"이라며 "세계 각국은 환경적·과학적으로 보존 가치가 큰 남극을 지키기 위해 적극 협력해야 한다."고 경고했다.

동아일보 기사 등 참조

이런 뜻이에요

빙붕 남극대륙과 이어져 바다에 떠 있는 300~900미터 두께의 얼음 덩어리. 전체적으로 일정한 크기가 유지되는데, 남극 전체 얼음 면적의 10퍼센트다.
아문센해 남극대륙 서쪽 남극해의 해역.

이슈

크릴, 극지 생물, 고체 메탄 등 각종 자원 풍부

남극은 남극해로 둘러싸인 거대한 대륙이다. 넓이는 한반도의 62배이다. 높이는 2000~2500미터이고, 빙하 두께는 평균 2000미터이다.

남극의 바다 밑에는 인류가 100년 정도 사용할 수 있는 원유와 천연 가스가 묻혀 있는 것으로 추정된다. 특히 남극 얼음에 포함된 가스하이드레이트는 석유와 석탄을 대체할 미래 에너지로 주목받고 있다. 여기에 지구 담수의 68퍼센트에 달하는 수자원이 얼음 형태로 존재하고, 철과 구리, 니켈, 금, 은 등 각종 지하자원도 풍부하다.

남극의 생물들은 추운 기후에서 살아남기 위해 몸에서 결빙 방지 물질을 만들어 낸다. 현재 남극의 빙어에서 뽑아내 생산되는 결빙 방지 물질은 고가에 거래되고 있다.

남극에서 무한정 잡을 수 있는 크릴새우를 단백질로 환산하면, 세계의 모든 수산물 단백질의 10배가 넘을 것으로 추정된다. 러시아는 크릴새우로 빵을 만들고, 일본은 어묵을 만든다.

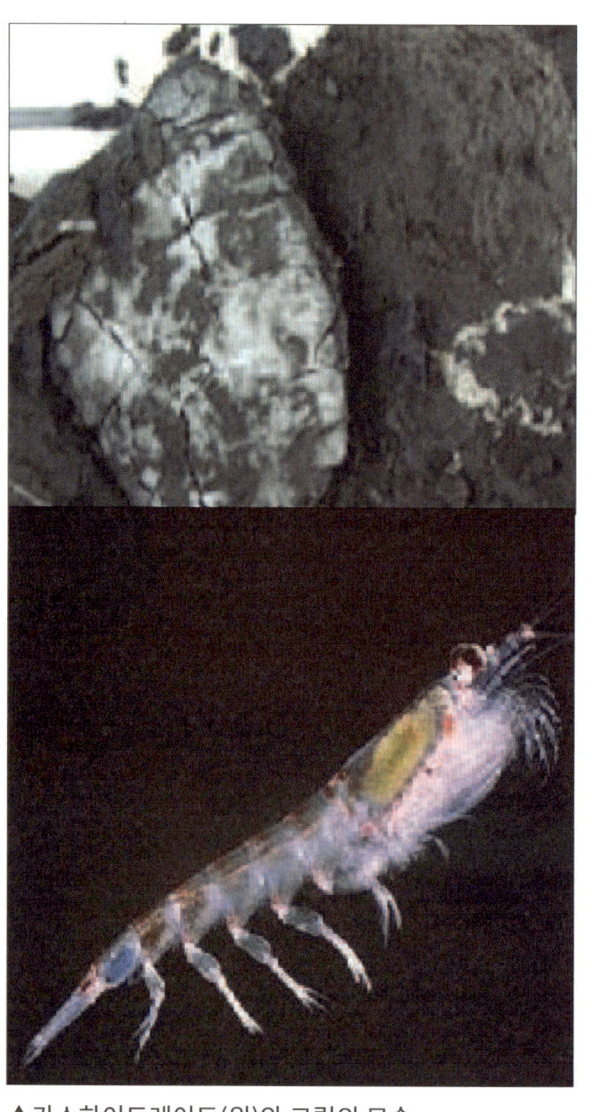

▲가스하이드레이트(위)와 크릴의 모습.

남극의 얼음에는 눈이 쌓일 당시의 공기가 보존되어 있는데, 이 공기를 분석하면 과거 지구의 기온과 강수량뿐 아니라 온실가스 등 대기의 성분 변화도 알 수 있다. 이런 변화를 분석하면 미래의 지구 변화를 예측 가능하고, 현재 나타나는 지구 온난화의 대책도 마련할 수 있다.

서울신문 기사 등 참조

이런 뜻이에요

가스하이드레이트 압력이 높고 온도가 낮은 상태에서 메탄과 물이 결합해 만들어진 고체 에너지.

토론

자원 선점 경쟁도 좋지만 보존도 중요

경제적 이용 위해 세계 각국 자리 다툼 치열

남극대륙은 국제 협약에 의해 1998년부터 2048년까지 연구 목적 외에는 지하자원 개발이 금지되어 있다. 또 어떤 국가도 2050년까지는 남극대륙에서 영유권을 주장할 수 없다. 2016년 현재 남극조약에 가입한 53개국 가운데 29개국이 연구 기지를 설치해 운영하고 있을 뿐이다.

하지만 남극은 각종 자원 개발과 지구의 환경 변화 연구 등으로 중요성이 날로 커지고 있다. 따라서 미국, 일본, 영국 등 대다수 선진국들은 수십 년 전부터 이곳에 독립 기지를 건설한 뒤 연구 개발에 투자를 아끼지 않고 있다. 미국은 1000명 이상이 거주하는 기지를 세우고, 비행기 활주로를 마련해 남극을 사실상 자기 나라 영토처럼 이용하고 있다. 일본도 이미 오래전에 남극대륙 전체의 지하자원 매장량 조사를 마쳤다. 이들 나라가 남극에 기지를 운영하고 조사·연구에 열중하는

▲우리나라는 남극에 1988년 세종과학기지를 세운 뒤, 26년 만인 2014년에 두 번째 과학 기지인 장보고과학기지를 건설했다.

▲세종기지와 장보고기지의 위치도. 세종기지는 해양 환경 등 바다에 관련된 내용을 연구하고, 장보고기지는 빙하와 운석, 오존층 등 대륙에 관련된 연구를 한다.

까닭은 앞으로 자원 개발과 영유권 주장에 대비하기 위해서다.

우리나라는 1986년 세계에서 33번째로 남극조약에 가입했는데, 세종과학기지와 장보고과학기지 등 두 개의 기지를 운영하고 있다.

남극 전문가들은 영유권 주장이 시작되면 남극도 결국 북극처럼 나눠 갖게 될 것이며, 우리나라가 조금만 가져와도 후손들이 자원 걱정 없이 살 수 있다고 말한다.

한겨레 기사 등 참조

이런 뜻이에요

영유권 일정한 영토에 대한 해당 국가의 관할권.

토론

남극 지켜야 지구도 지켜… 국제 협력 필수

▲남극대륙에는 지금 60만 마리의 황제펭귄이 서식하는데, 지구 온난화 때문에 2100년에는 멸종 위기에 놓일 것으로 보고 있다.

남극에는 지금 빙산에 의지해 떠다니거나 질병에 감염된 펭귄들도 있고, 병마개 등 쓰레기를 삼켜 숨진 새들도 있다. 한 연구소는 지구 온난화로 빙하가 녹으면서, 남극의 황제펭귄이 2100년까지 멸종 위기에 놓일 것으로 내다봤다.

전문가들에 따르면 남극에서 일어나는 변화는 지구 전체의 경제와 에너지, 나아가 지구의 미래에 장기적인 영향을 준다. 따라서 지구 온난화 방지와 환경 보호를 위해 국제적인 협력이 필수다.

남극대륙은 또 외래 동식물의 침입으로 생태계가 파괴되고 있다. 학자들은 관광객과 과학자, 탐험가들이 묻혀 오는 외래 동식물 때문이라며 대책 마련을 호소하고 있다. 남극반도 앞바다에서는 북대서양의 거미게가 발견되었고, 킹조지섬에서는 세계 어디서나 볼 수 있는 새포아풀이 자라고 있다.

남극해를 지나가는 배들이 기름이나 화학 물질, 쓰레기 등을 바다에 버려 오염되는 문제도 있다. 지름 5밀리미터 이하의 미세 플라스틱 오염도 심각하다. 육지에서 배출돼 바다 위를 떠다니는 페트병이나 비닐봉지가 삭아서 가루처럼 잘게 부서지면서 생긴 것들이다. 물고기가 먹으면 먹이사슬을 통해 사람은 물론 바다 생태계에도 악영향을 끼치므로, 세계 각국이 바다에 플라스틱 쓰레기를 버리지 말아야 한다.

문화일보 등 기사 참조

이런 뜻이에요

새포아풀 벼과식물로, 가을에 싹이 나와 이듬해 5월에 꽃이 피는 한해살이 또는 두해살이풀.

생각이 쑤욱

1. 남극과 북극은 추위와 눈, 얼음이 지배하는 세상이지만 서로 다릅니다. 남극과 북극의 차이를 아는 대로 설명해요.

2. 남극의 빙하가 모두 녹는다면 어떤 현상이 벌어질까요?

3. 남극의 중요성이 최근에 커지고 있어요. 남극이 지닌 가치를 100자 안팎으로 설명해요.

머리에 쏘옥

남극과 북극의 차이

남극은 대륙이고 북극은 바다입니다. 북극의 얼음은 눈이 쌓인 것이 아니라 바닷물이 얼어 생긴 해빙입니다. 북극은 남극보다 조금 더 따뜻합니다. 그 이유는 남극을 덮은 얼음은 햇빛을 반사하지만, 북극의 바다는 열을 흡수하고 저장하는 역할을 하기 때문입니다. 남극에는 원주민이 없지만 북극에는 이누이트족이라는 원주민이 살고 있습니다.

북극곰의 진실

북극곰(**사진**)은 원래 시베리아나 알래스카, 그린란드에 살던 흑곰이었답니다. 그런데 먹이를 찾아 북쪽으로 이동한 흑곰이 얼음 환경에 적응하며 털 색깔이 흰색으로 바뀐 것입니다.

북극곰의 털 밑을 자세히 보면 검은색 피부가 보인답니다. 북극곰은 얼음 위를 이동하며 사냥하고 빙산 사이를 헤엄치기도 하는데, 그 거리는 25킬로미터를 넘지 못한답니다.

생각이 쑤욱

4 세계 각국의 남극기지 대원들이 친선을 도모하기 위해 '남극 올림픽'을 열었어요. 재미있는 남극 올림픽 종목을 5가지만 추천해 보세요.

5 세종과학기지에 계신 삼촌이 행복이에게 남극 생활이 담긴 e-메일을 보내왔어요. 담겼을 내용을 1분 동안 발표하세요.

머리에 쏘옥

남·북극에서 함께 사는 생물

적어도 235종의 생물이 1만 1000킬로미터나 떨어져 있는 남·북극 모두에서 서식한다고 합니다. 대부분 바다달팽이(**사진**)와 해삼, 갑각류 등 작은 생물입니다.

펭귄의 진화

황제펭귄, 아델리펭귄, 마카로니펭귄 등은 남극 고유의 생물입니다. 그중 아델리펭귄(**사진**)이 남극 펭귄의 3분의 2를 차지합니다. 처음에는 광활한 바다로 둘러싸인 대륙이라기보다는 하나의 얼음 덩어리에 가까운 남극에 물새들이 먹이를 찾아 날아왔습니다. 그런데 거추장스러운 날개가 잠수하기 좋게 지느러미 모양으로 진화해 지금의 펭귄이 남극에 살게 되었답니다.

생각이 쑤욱

6 우리나라가 남극에 거액을 들여 제2기지인 장보고과학기지를 세운 까닭은 무엇인가요?

7 남극의 환경을 보호하기 위해 남극조약협의당사국 회의에서는 남극에 쓰레기를 버리지 못하도록 정했습니다. 그럼 남극에서는 쓰레기를 어떻게 처리할까요?

머리에 쏘옥

남극조약

남극대륙의 국제법상 지위를 정하고, 남극의 이용 원칙을 확립하기 위해 1959년 미국·영국·러시아·일본 등 12개국이 참가해 체결한 조약입니다. 남극의 평화적 이용, 과학적 탐사의 자유, 영유권의 동결, 핵실험 금지 등을 그 내용으로 합니다.

이 조약은 당초의 참가국들이 남극조약협의당사국(ATCP) 회의를 운영해 특권을 누려왔습니다. 우리나라는 1989년에 협의당사국으로 지명되었습니다. 남극조약협의당사국이 되면 당사국 회의에서 의견을 낼 수 있고, 각종 의견에 대한 결정권을 가집니다. 남극조약협의당사국은 2017년 현재 29개국입니다.

남극에서 많이 발견되는 운석

지구 생성과 같은 시기에 만들어진 운석(**사진**)은 태양계 초기의 모습을 간직하고 있습니다. 운석은 대다수가 태양계의 소행성에서 만들어집니다. 소행성은 태양계 초기에 만들어진 뒤 거의 변화하지 않았기 때문에 45억 년 전 태양계 구성 물질이 어떻게 생성되었는지 알 수 있습니다.

남극에서는 멀리서 보면 푸른빛을 띠는 청빙 지역에서 운석이 많이 발견된답니다.

행복한 논술

　남극대륙은 2048년까지 자원 개발을 금지해 보존되고 있지만, 지구 온난화의 영향으로 빙하가 빠르게 사라지고 있습니다. 이 바람에 남극에서 서식하는 펭귄 등 동물이 멸종 위기에 놓여 있지요. 관강객 등 사람들의 발길이 잦아지면서 육지 생태계도 파괴되고, 함부로 버린 폐유와 플라스틱 등 때문에 근처 바다도 오염되고 있습니다. 남극에서 일어나는 변화는 지구의 미래에도 큰 영향을 줍니다. 따라서 세계 각국은 남극대륙을 지켜 내기 위해 적극 협력해야 합니다.

남극대륙의 중요성과 위기 상황을 설명하고, 남극 생태계와 자원 보호를 위해 세계가 어떻게 노력해야 하는지 말해 보세요(500~600자).

답안과 풀이

01 자기 주도 학습이란 무엇인가

♣14쪽
▶생각이 쑤욱
1. 예시 답안

주의력이 부족해 집중하지 못한다. 공부에 집중하려면 공부를 하는 이유를 확실하게 정리해야 한다/이해력이 부족해 잘 알아듣지 못한다. 이해력을 키우려면 독서를 많이 해야 한다/공부를 할 때도 흥미와 의욕이 없기 때문에 점수가 잘 나오지 않는다. 흥미와 의욕을 가지려면 목표를 분명하게 세우고 달성 계획을 짠다/매번 시키는 것만 하고 혼자서는 못한다. 내 일은 다른 사람에게 미루지 말고 내 힘으로 처리하기 위해 노력한다 등.

2. 예시 답안

부모님과 선생님께 칭찬받기 위해서/내 꿈을 이루기 위해서/공부가 재밌기 때문에/부모님이 시켜서/혼나는 것이 무서워서/나중에 잘살기 위해서/경쟁에 뒤처지지 않기 위해서/공부를 못하면 다른 사람들이 무시하니까 등.

3. 예시 답안

성적이 떨어지는 과목의 기초를 닦겠다는 목표를 정한 뒤 필요하다고 판단해 학원에 다니거나 남에게 배우는 것이기 때문이다. 나는 수학의 기초가 없어서 혼자 공부할 때마다 이해할 수 없는 문제가 너무 많았다. 한 문제를 풀기 위해 10분 넘게 끙끙댄 적도 많았다. 그래서 부모님과 의논해 수학 학원에 다니기로 했다. 집에서 예습하고, 학원에서 수업을 잘 들은 뒤 집에 돌아와 복습했다. 그래도 잘 모르는 것은 학원 선생님께 다시 질문했다. 학원에 다니더라도 부모님이 시켜서 억지로 다니는 것이 아니라, 내 의지로 다니는 것이어서 공부하는 것이 즐거웠다. 또 선생님의 설명을 들으니 이해가 빨리 되어 계획한 공부를 시간 안에 마칠 수 있어서 좋았다.

♣15쪽
▶생각이 쑤욱
4. 예시 답안

미래 사회는 변화의 속도가 매우 빠르다. 정보가 빠르게 추가되기 때문에 이를 배우기 위해 끊임없이 공부해야 한다. 그런데 사회에서는 무엇을 공부해야 할지 알려 주지도 않고, 공부를 하지 않는다고 꾸짖지도 않는다. 따라서 미래 사회에서는 자신에게 필요한 지식이나 기술을 찾아서 스스로 공부하는 자기 주도 학습 능력이 필요하다. 어렸을 때부터 자기 주도 학습을 몸에 익히고, 스스로 문제를 해결하는 습관을 들이면 어른이 되어서도 필요한 부분을 자기 힘으로 선택해 공부할 수 있으므로, 자기 분야에서 성공할 확률이 높아진다.

5. 예시 답안

행복이가 실패한 원인은 목표와 계획이 없었기 때문이다. 행복이는 자기가 공부해야 할 이유를 찾지 못해 주도적으로 공부하지 않았고, 의욕도 갖지 못했다. 행복이는 내키는 대로 공부했고, 자신의 공부 방법을 점검하지도 않았다. 공부할 때 자세도 바르지 않아 쉽게 집중하지 못했다. 자기 주도력이 약해 자신의 생활도 관리하지 못했다. 행복이가 자기 주도 학습에 성공하려면 가장 먼저 목표를 세워서 공부하는 이유를 찾아야 한다. 목표를 세웠다면, 이를 이루기 위해 어떻게 공부할지 계획을 구체적으로 짜야 한다. 또 공부할 때는 바른 자세로 앉아서 하고, 공부를 방해할 수 있는 것은 방에서 미리 치워야 한다.

♣16쪽
▶생각이 쑤욱
6. 예시 답안 생략
7. 예시 답안

나만의 생활 규칙
1. 한 주에 세 시간 이상 컴퓨터 게임을 하지 않는다.
2. 학교 숙제는 집에 와서 바로 한다.
3. 오늘 할 일을 내일로 미루지 않는다.
4. 다음날 시간표를 보고 가방을 챙긴다.
5. 내 방 청소는 내가 한다.
6. 월, 화, 목요일에는 2시간씩 책을 읽는다.

♣17쪽
▶행복한 논술(예시 답안)

우리나라 초등학생들은 자기 주도 학습 능력이 떨어진다. 이에 따라 수학과 과학 성적은 세계 최상위권이지만 학습 흥미도는 꼴찌에 가까운 것으로 나타났다.

자기 주도 학습이란 자기 스스로 계획을 세워 공부하고, 결과까지 스스로 평가하는 것이다. 초등학생들이 자기 주도 학습을 하지 못하는 까닭은 어렸을 때부터 스스로 공부하지 않고 부모나 학원 선생님에게 떠밀려 공부하기 때문이다. 자신이 공부해야 할 이유도 분명하지 않은 상태에서 혼나지 않기 위해 억지로 공부하는 것이다.

스스로 공부하는 습관을 들이려면 자기 주도 학습 능력을 갖춰야 한다. 자기 주도 학습을 실천하려면 먼저 꿈을 찾고, 꿈을 이루기 위해 어떤 공부가 필요한지 알아본다. 장기 목표로 진학할 학교나 합격하고 싶은 시험을 정하고, 단기 목표로는 과목별 또는 요일별 학습 목표를 만들고 실천 계획을 짠다. 어렸을 적부터 간단한 방 청소와 숙제, 준비물 챙기기 같은 일을 스스로 하며, 자기 주도력을 기르는 습관도 필요하다.

02 곤충 먹어 보셨나요

♣ 23쪽
▶ 생각이 쑤욱
1. 예시 답안
무섭거나 징그럽다고 생각해서/더럽다고 생각해서/병을 옮긴다고 생각해서/곤충이 먹을거리가 아니라고 생각해서 등.

2. 예시 답안
쇠고기나 돼지고기 등 육류보다 단백질 함량이 두 배 이상이나 된다/미네랄과 섬유질이 풍부하다/몸집이 작아 공간을 많이 차지하지 않는다/성장 속도가 빠르다/사료와 물을 적게 먹는다 등.

3. 예시 답안
- 장수애 : '장수풍뎅이 애벌레'의 줄임말이기도 하고, 먹으면 장수할 것 같은 이름이라서.
- 별삭이 : '쌍별귀뚜라미'와 '바삭하다'라는 말에서 한 글자씩 따서 만든 말로, 이름과 특징을 동시에 나타낼 수 있어서.

♣ 24쪽
▶ 생각이 쑤욱
4. 예시 답안
'장수풍뎅이 애벌레 크림 스파게티' : 크림 스파게티의 고소한 맛을 매우 좋아한다. 장수하늘소 애벌레는 크림 치즈와 비슷하게 고소한 맛이 난다고 한다. 크림 스파게티 소스를 만들 때 장수풍뎅이 애벌레의 액체 소스를 넣으면 맛이 좋아질 뿐 아니라 영양도 풍부해질 것이다.

5. 예시 답안
사람들은 평소에 자주 접하지 못했던 음식이나, 오래전부터 먹어 보지 않았던 음식에 거부감을 가진다. 자신이 먹지 못한다고 생각하는 음식을 다른 사람이 먹을 때 미개하다고 생각해 무시하는 경우도 있다. 그러나 나라들마다 음식 문화를 서로 존중해야 한다. 모든 음식에는 그것을 먹는 이유가 있다. 맛이 있다거나 영양이 풍부해서 또는 구하기 쉬워서 먹는 것이다. 따라서 생김새가 이상하거나 자신이 평소 먹지 않는 음식이라고, 다른 나라의 음식 문화를 우스갯거리로 삼거나 손가락질하면 안 되는 것이다.

♣ 25쪽
▶ 생각이 쑤욱
6. 예시 답안
- 시식회를 여는 목적 : 식용 곤충을 활용한 요리가 맛도 있고 영양가가 풍부함을 알려 거부감을 줄이기 위해서다.
- 날짜 : ○○○○년 ○○월 ○○일
- 장소 : ○○초등학교 운동장
- 준비한 요리 : 고소애 튀김, 쌍별귀뚜라미 볶음, 메뚜기 가루가 들어간 도너츠 등.

7. 예시 답안
곤충 사육 농가도 딸기 농장이나 블루베리 농장처럼 견학을 원하는 가족 또는 일을 돕기를 원하는 가족을 초청해 직접 곤충을 돌보고, 곤충 요리를 만드는 체험 프로그램을 만든다.

♣ 26쪽
▶ 행복한 논술(예시 답안)
곤충이 미래를 책임질 식량으로 떠올랐다. 영양분이 풍부한데다 성장 속도가 빨라 수를 늘리기 쉽고 물과 사료를 적게 먹어서 경제적이기 때문이다. 그러나 우리 국민은 곤충이 징그럽고 더럽다는 편견 때문에 곤충에 대한 거부감이 강하다. 다양한 곤충을 요리해 먹었던 중국이나 태국 같은 나라에 비해 예부터 식용으로 삼았던 곤충이 메뚜기와 누에 번데기밖에 없는 점도 그 이유 가운데 하나다. 먹을 것이 많은데 왜 곤충까지 먹어야 하느냐고 생각하는 사람도 많다.
따라서 곤충 식품이 인기를 끌려면 사람들의 거부감부터 줄여야 한다. 곤충을 액체나 가루로 만들어 식품 원료로 사용하면, 곤충의 생김새에 거부감 있는 사람들도 곤충 식품을 먹을 수 있다. 곤충을 이용한 새로운 요리도 만들어 사람들에게 알리고, 각종 전시회나 박람회에서 식용 곤충을 접할 수 있는 코너를 만드는 것도 방법이다. 무엇보다 곤충 식품이 안전하다고 믿고 먹을 수 있게 나라에서 철저히 관리해야 한다.

03 실패도 자산이다

♣ 32쪽
▶ 생각이 쑤욱
1. 예시 답안
과정이 아닌 결과만을 중요하게 생각하는 사회 분위기 때문에/경쟁이 심해지며 한 번의 실패로 다시 기회를 얻을 수 없기 때문에 등.

2. 예시 답안
도전할 기회가 줄어 경험의 폭이 좁아진다/자신의 적성을 파악하기 어렵다/새로운 발명이나 도전이 사라진다 등.

3. 예시 답안
실패란 처음에 설정한 목표를 잃고 도전을 포기했을 때 결과적으로 발생하는 것이다. 따라서 에디슨처럼 목표한 바가 있고 도전 의욕을 꺾지 않은 채 계속 시도했다면 결과가 아니라 과정에 있기 때문이다.

♣33쪽
▶생각이 쑤욱
4. 예시 답안

-실패는 성공의 어머니다 : 실패는 경험을 통해 새로운 지식과 기술을 익히게 만들어 성공에 이르게 한다는 뜻이다.
-사람은 누구나 실패 앞에서는 평범한 사람이다 : 사람은 신이 아니기 때문에 실패를 경험할 수밖에 없으므로, 실망하거나 좌절하면 안 된다는 뜻이다.
-성공보다 오히려 실패에서 많은 지혜를 배운다 : 실패한 뒤 자신을 돌아보는 과정에서 실수와 고칠 점을 발견하고, 문제 해결 능력을 기를 수 있다는 뜻이다.

5. 예시 답안

목표	학교 오케스트라에서 플루트를 맡은 단원이 되는 것
필요한 능력	악보를 잘 보는 능력과 플루트를 잘 연주하는 능력
지금 나의 능력과 부족한 점	악보는 잘 볼 수 있지만, 플루트는 호흡이 짧아서 잘 연주하지 못함
실천 방법	호흡을 길게 하기 위해 꾸준히 오래달리기를 하고, 매일 1시간씩 플루트 연주 연습을 한다.

♣34쪽
▶생각이 쑤욱
6. 예시 답안

- 학급 회장 선거에 떨어진 친구 : 학급 회장 선거에서 원하는 결과를 얻지 못해 마음이 아플 거야. 준비 기간도 너무 짧았고, 친구들 앞에서 발표했던 공약에 네 힘으로 할 수 없는 것이 있었기 때문에 결과가 좋지 않았다고 생각해. 하지만 훌륭한 리더들 가운데는 여러 번 떨어졌는데도 포기하지 않고 도전한 사람들이 꽤 많아. 내년에도 학급 회장 선거가 있으니 시간을 충분히 두고 준비하면 될 거야. 그리고 실천 가능한 공약을 준비해 두면 좋을 거라고 생각해.
- 피아노 연주회에서 큰 실수를 한 친구 : 피아노 연주 잘 들었어. 연주 도중에 실수해서 많이 속상했을 거야. 네가 얼마나 열심히 연습했는지 다 알아. 관중이 많은데다 익숙하지 않은 큰 강당에서 연주했으니 긴장이 많이 되었을 거야. 하지만 훌륭한 피아니스트들도 연주회에서 가끔 실수한다고 하잖아. 너도 이번 실수에 마음 쓰지 말고, 다음 대회를 준비하며 긴장감을 없애는 방법을 찾아 봤으면 좋겠어. 평소 사람들 앞에서 연주할 기회를 많이 만들면 어떨까?
- 시험 성적이 크게 떨어진 친구 : 시험 성적이 많이 떨어져서 많이 속상하지? 특히 이번 사회 시험은 어려워서 성적이 떨어진 친구들이 많은 것 같아. 그리고 이번 사회 시험은 지역 이름이 많이 나와서 지도를 보며 꼼꼼하게 외우지 않으면 점수를 내기 어려웠어. 공부할 때 눈으로 외우는 것보다 지도를 확인하고 손으로 일일이 써 보는 것이 좋은 방법이라고 생각해. 다음 시험 때도 우리나라 도시의 위치와 특징을 묻는 문제가 많이 나올 것 같은데, 이번 경험을 살려 지도를 꼼꼼히 보고 지역 이름을 잘 외우면, 좋은 성적을 받을 수 있을 거야.

7. 예시 답안

이름	김연아
직업	피겨스케이팅 선수
실패한 경험	13세에 발목 인대 부상으로 피겨스케이트를 그만둘 뻔했다. 17세 때부터 잦은 부상과 체력 부족으로 선수 생활에 위기를 맞았고, 그때 대다수 대회에서 입상하지 못했다.
극복 방법	자신의 문제가 체력 부족에 있다는 점을 깨닫고 체력을 기르기 위해 꾸준히 훈련했다. 같은 동작을 완벽하게 하기 위해 수천 번씩 반복했을 정도다.

♣35쪽
▶행복한 논술(예시 답안)

실패를 두려워하는 어린이들이 늘어나고 있다. 학교와 사회에서 1등만 인정하는 것에서 알 수 있듯, 과정이 아닌 결과만 중요하게 생각하는 분위기 때문이다. 경쟁이 심해지면서 한 번의 실패로 다시 기회를 잡을 수 없게 만드는 환경도 실패를 두려워하게 만든다.

하지만 실패했다고 좌절하거나 도전을 포기하면 안 된다. 실패를 두려워하면 아무 것도 얻을 수 없다. 이에 비해 실패했어도 실패한 까닭을 분석해서 알면 목표를 이룰 수 있는 더 좋은 방법을 배울 수 있다.

실패를 성공의 밑거름으로 삼으려면 실패를 극복하는 방법부터 알아야 한다. 실패했을 때 그 원인을 정확하게 찾아내려는 자세를 가지는 것이 중요하다. 실패의 원인을 알면 성공에 이르는 효과적인 방법도 알 수 있기 때문이다. 실패의 원인을 단계별 또는 시간별로 나눠 분석하고, 고칠 점을 찾아야 한다. 목표를 분명하게 정하고 거기에 맞는 실천 방법을 찾아 끈기 있게 노력하는 자세도 필요하다. 실패를 딛고 성공한 사람의 사례를 찾아 교훈으로 삼고, 실패를 부끄럽게 생각하지 않는 자세도 도움이 된다. 주변 사람들에게 실패한 경험을 말하고, 위로와 조언을 들어도 도전의 에너지를 얻을 수 있다.

04 교과서 한자 병기 찬반 논쟁

♣41쪽
▶생각이 쑤욱
1. 예시 답안
　-한자어 : 교육부, 초등학교, 학년, 교과서, 한자, 병기, 찬성, 반대, 논쟁, 확정, 창의적, 체험, 활동, 부담, 학습, 과거, 세대, 어휘력, 기초, 과학, 사회, 도덕, 사교육, 주장 등.
　-한자 병기 이유 : 학생들의 어휘력이 한자를 배웠던 세대보다 떨어지기 때문에.
2. 예시 답안
　읽고 쓸 줄 모르는 사람을 줄이고, 학생들의 한자 학습 부담을 덜어 주기 위해서 등.
3. 예시 답안

 플러그 '콘'

　-새로 만든 글자 : 콘센트에 꽂는 플러그를 나타낸 문자.
　-장점 : 글을 잘 모르는 사람도 모양을 보고 뜻을 예상할 수 있다.
　-단점 : 글자 수가 많아 외워야 할 글자도 늘어난다.

♣42쪽
▶생각이 쑤욱
4. 예시 답안
　두쪽살이/숲살림 등.
5. 예시 답안
　사람들이 사과를 '사과'로 부르는 까닭은 어렸을 적부터 그렇게 배웠기 때문이다. 같은 말을 쓰는 사람들은 같은 말로 쓰인 책으로 교육을 받으며 물건의 이름을 배운다. 교육을 통해 어떤 물건을 정해진 이름대로 부르자고 약속하는 것이다. 정해진 약속을 지키는 것처럼 말에 관한 약속도 쉽게 바뀌지 않는다. 말을 사용하는 사람들이 많기 때문에 혼자서 새로운 약속을 만들어도 알릴 방법이 없기 때문이다. 한 사람이 만든 약속을 다른 사람들에게 알려도 모든 사람이 약속을 받아들이기까지는 시간이 걸린다. 따라서 한번 정해진 말은 쉽게 바뀌지 않는 것이다.

♣43쪽
▶생각이 쑤욱
6. 예시 답안
　-한자어는 우리말이다 : 지금 한자어를 모두 사용하지 않으면 의사 소통이 더 어려워져. 한자어는 표현을 정교하게 만들어 생각을 더 분명하게 전달할 수 있도록 하는 우리말의 일부야.
　-한자어는 우리말이 아니다 : 지금 우리가 빌려 쓰는 것은 한자의 소리밖에 없어. 영어로 된 말도 알파벳으로 쓰지 않고 소리 나는 대로 우리말로 쓰듯, 한자도 그렇게 써야 해.
7. 예시 답안
　-한자를 병기했을 때 : 교과서뿐 아니라 신문이나 책에도 한자가 병기될 것이다/모든 국민이 한자를 잘 알게 돼 어휘력이 크게 늘어날 것이다/한자가 상급 학교 시험을 칠 때 주요 과목이 될 것이다 등.
　-우리말만 썼을 때 : 한자를 대신할 수 있는 우리말이 많이 만들어질 것이다/학교에서 배우는 한자 시간이 사라질 것이다/한자를 아는 사람이 거의 없어질 것이다 등.

♣44쪽
▶행복한 논술(예시 답안)
　-찬성 : 한자는 우리말에 쓰이는 낱말의 58퍼센트를 차지한다. 공부할 때 쓰이는 개념어의 경우 한자 비율이 90퍼센트를 넘는다. 한자를 잘 모르면 불편함을 느낄 수밖에 없는 까닭이다.
　1970년 한글 전용 정책이 실시되며, 학생들의 어휘력이 점점 약해졌다. 이런 단점을 보완하기 위해 한자 병기는 꼭 필요하다. 교과서에 한자가 병기될 경우 단어의 정확한 뜻을 알 수 있기 때문에 공부하기가 더 쉬워진다. 소리가 같지만 뜻은 다른 단어의 오해를 피할 수도 있다.
　한자를 병기하면 학습량이 늘어난다고 걱정하는 사람들도 있지만, 한자를 통해 단어의 뜻을 파악할 수 있게 되면 오히려 공부가 쉬워질 것이다. 한자 과목을 따로 만드는 것이 아니라 원래 있는 교과서에 한자 풀이를 추가하는 것이므로 학습량도 크게 늘어나지 않는다. 학습량이 늘어나는 것은 우리말을 제대로 배우기 위한 과정이므로 받아들여야 한다. 한자는 오래전부터 우리말의 한 부분으로 자리를 잡았다. 한자를 익히는 것도 우리말을 잘 쓰기 위한 방법임을 알아야 한다.
　-반대 : 교과서 한자 병기는 얻는 것보다 잃는 것이 많다. 교과서에 한자를 병기하면 한자를 잘 모르는 학생은 공부에 어려움을 겪는다. 교과서 아랫부분에 한자의 풀이를 적는다 해도, 읽는 데 시간이 걸리고 내용 파악에도 방해가 된다. 사회나 도덕 등 각 교과목을 배워야 하는 수업 시간에 한자까지 배우면 시간이 부족해 학업 성취도가 낮아질 수도 있다. 또 한자 사교육이 늘어 학생들이 큰 부담을 느낄 수 있다. 특히 교과서에 한자가 병기되는 초등학교 5학년은 학습량이 무척 많은 시기여서, 학생들이 겪는 심리적 부담이 더욱 커질 것이다.
　어휘력을 키우려면 한자 병기보다는 수업 시간에 사전을 활용해 단어의 뜻을 정확히 익히고, 독서와 토론을 통해 단어를 활용하게 만드는 것이 더 효과적이다.
　한자를 병기해야 되는 한자어가 있을 경우, 우리말로 같은 뜻을 가진 새말을 만들면 된다. 이미 우리나라는 47년 동안 한글만 쓰고도 불편 없이 살았다. 한자를 병기해 불편을 늘리기보다는 한글을 잘 활용할 수 있는 방안부터 찾아야 한다.

05 인간의 욕심이 부른 조류인플루엔자

♣ 50쪽
▶생각이 쑤욱
1. 예시 답안
　①여름에 주로 발생한다. (X)
　②조류인플루엔자에 걸린 닭의 고기를 먹으면 옮는다. (X)
　③달걀을 통해서도 감염될 수 있다. (X)
　④새 가까이 가기만 해도 감염될 수 있다. (X)
　⑤고병원성과 저병원성 두 종류로 나뉜다. (O)
　⑥사람이 걸리면 독감과 비슷한 증상을 나타낸다. (O)
　⑦우리나라에서는 아직 조류인플루엔자에 감염된 사람이 없다. (O)
　⑧사람을 위한 조류인플루엔자 예방 주사가 있다. (X)
　⑨조류 외의 다른 동물도 조류인플루엔자에 감염된다. (O)

2. 예시 답안
　철새가 면역력이 없는 닭과 오리에게 조류인플루엔자 바이러스를 옮겼기 때문에/조류인플루엔자 바이러스가 달걀이나 차량, 먼지를 통해 먼 곳까지 이동했기 때문에/공장식 사육으로 키운 가축들의 면역력이 낮기 때문에 등.

3. 예시 답안
　닭이나 오리가 죽임을 당해 고기 값이 오른다/닭이 감소해 달걀 가격이 비싸진다/달걀을 많이 쓰는 과자나 빵 가격이 오른다/조류를 보고 공포심을 갖거나 스트레스를 받는 사람이 증가한다/사람들이 철새가 많이 오는 관광지에 가지 않는다 등.

♣ 51쪽
▶생각이 쑤욱
4. 예시 답안

대책	이유
감염된 닭 또는 오리가 있는 농장과 그 주변의 닭이나 오리, 계란을 모두 땅에 묻는다.	조류인플루엔자에 걸린 닭고기나 계란이 사람들에게 공급되는 것을 막기 위해서다.
감염 지역을 오가는 차량을 소독하고, 사람의 출입을 되도록 막는다.	차량이나 사람을 통해 조류인플루엔자가 퍼지는 것을 막기 위해서다.
동물원들이 문을 닫고 관람객을 받지 않는다.	조류인플루엔자가 동물원에 있는 동물에까지 전염되는 것을 막기 위해서다.

5. 예시 답안
　-찬성 : 가축의 공장식 사육은 꼭 필요해. 세계 인구는 빠르게 증가하고 있기 때문에 식량이 더 많이 필요해. 공장식 사육은 좁은 공간에서 집중적으로 동물을 길러 사람들이 필요한 만큼의 고기를 생산할 수 있도록 하지. 공장식 사육이 없다면 가난한 사람들은 고기 값이 비싸져 먹기 어려워질 것이고, 영양 부족에 시달릴 수 있어.
　-반대 : 가축의 공장식 사육은 사람에게 결국 더 큰 피해를 줄 거야. 가축의 면역력이 점점 줄면 인수공통전염병이 더 늘어날 거야. 또 병에 걸리지 않게 항생제를 많이 쓰기 때문에 고기를 먹는 사람들도 좋지 않은 영향을 받을 수 있지. 건강하게 키운 동물을 먹을거리로 쓰는 것이 사람에게도 이로워.

♣ 52쪽
▶생각이 쑤욱
6. 예시 답안
　조류인플루엔자를 예방하는 방법은 독감을 예방하는 방법과 크게 다르지 않습니다. 먼저 개인 위생을 철저히 관리해야 합니다. 외출했다가 집에 돌아오면 손을 잘 씻고, 되도록 손으로 눈이나 코, 입을 만지지 않습니다. 기침할 때는 손으로 입을 막고, 기침이 심한 경우 마스크를 합니다. 사람이 새와 접촉한다고 조류인플루엔자에 걸릴 확률은 매우 낮으니 안심하고 평소대로 생활해도 됩니다. 하지만 주변에서 죽은 새나 고양이를 발견했을 경우 만지지 말고 주민센터나 보건소에 먼저 알려야 합니다. 또 양계장이나 철새 서식지에 방문한 뒤 독감 증세가 나타난다면 보건소에 신고합니다.

7. 예시 답안
　인수공통전염병이 증가하는 까닭은 공장식 사육으로 가축의 면역력이 떨어졌기 때문이다. 또 지구의 온도가 상승하며 해충과 바이러스가 서식하기에 좋은 조건이 되었기 때문이다. 인수공통전염병을 줄이려면 먼저 공장식 사육을 피하고 자연 환경에 가깝게 동물을 키워야 한다. 또 지구 온난화를 막기 위해 대중교통을 이용하고, 화석 연료 사용도 줄여야 한다.

♣53쪽
▶행복한 논술(예시 답안)
　조류인플루엔자(AI)가 유행하자 감염을 걱정해 새를 두려워하는 사람이 늘었다. 조류인플루엔자는 야생 조류나 닭과 오리 등 가금류가 조류인플루엔자 바이러스에 감염돼 나타나는 질병이다. 인수공통전염병은 사람에게도 옮기지만, 실제로 사람에게 옮기는 사례는 아주 드물다. 사람이 조류인플루엔자에 걸리면 고열과 구토, 통증이 발생하는데, 독감 치료제를 먹으면 증세가 나아진다.
　조류인플루엔자에 걸리지 않으려면 개인 위생에 신경을 써야 한다. 예방법은 독감 예방법과 같다. 외출했다 돌아오면 흐르는 물에 손을 잘 씻거나 손소독제를 사용한다. 손으로 코나 입을 만지지 말고, 기침이 자주 날 경우 마스크를 쓴다. 닭고기나 오리고기는 잘 익혀 먹는다. 주변에서 죽은 새나 동물을 발견했을 경우 만지지 말고 보건소에 먼저 알린다. 새가 많은 곳에 다녀온 뒤 독감이 심하면 보건소에 신고한다. 조류인플루엔자는 주의하면 걸리지 않을 수 있는 질병이다. 지나치게 무서워하기보다는 예방에 힘써야 한다.

06 세금은 어디에 쓰이나

♣59쪽
▶생각이 쑤욱
1. 예시 답안
　-범죄를 막고 교통 질서를 유지하는 경찰관이 없어 사회가 항상 불안할 것이다.
　-도로에 횡단 보도가 없거나 신호등이 고장 나도 고치지 않아 마음 놓고 길에 다닐 수 없다.
　-학교나 도서관 시설 등을 제대로 지을 수 없어 배우기 어렵다.

2. 예시 답안

많이 매겨야 할 상품	적게 매겨야 할 상품
고열량 저영양 식품(초콜릿, 햄버거, 탄산음료 등)	자전거
비만과 영양 불균형을 일으키는 식품을 과다하게 먹는 것을 억제하기 위해 세금을 좀 더 많이 매긴다.	자전거는 환경 오염도 줄이고 국민 건강을 지켜 줄 수 있으므로 세금을 깎아 준다.

3. 예시 답안
　도서관/동사무소/우체국/보건소/박물관 등.

♣60쪽
▶생각이 쑤욱
4. 예시 답안
　세뱃돈은 액수가 정해져 있지 않다. 또 세뱃돈을 받은 뒤 영수증을 주고받지 않기 때문에 얼마를 받았는지 알 수 없어 정확하게 세금을 매길 수 없다. 그리고 어른이 어린이에게 주는 세뱃돈은 그다지 큰돈이 아니다. 용돈에 보태 쓰라고 주는 정과 사랑이 오가는 돈이다. 그런 돈에 세금을 매기기도 어렵지만, 기준도 뚜렷하지 않아 형평성 문제가 생길 수 있다. 또 어른들이 이미 소득세를 낸 수입의 일부로 주는 것이기 때문에 세금을 낸 돈에 또 세금을 물리는 이중 과세여서 옳지 않다고 생각한다.

5. 예시 답안
　가정 살림을 하는 데 버는 돈이 적으면 가난해지는 것처럼, 세금이 제대로 걷히지 않으면 나라 살림에 어려움이 많다. 세금을 제대로 내지 않는 사람들에게는 세금을 들여서 하는 도로 만들기나 교통 정리, 군대에 두 번 가기 등 나랏일을 몸으로 직접 하도록 시키면 좋을 것이다. 그럼 세금의 중요성을 다시 깨닫게 되어 세금을 잘 낼 수밖에 없을 것이다.

♣61쪽
▶생각이 쑤욱
6. 예시 답안
　-이름 : 이행복
　-제목 : 겉치레보다 알뜰한 살림에 세금을 씁시다
　-내용 : 지난 여름 우리 지역의 여러 분수대는 하루 종일 물을 뿜었습니다. 시민들이 더위를 식히기 위해 필요하지만, 전기료가 많이 들 것이라고 생각합니다. 곳곳에는 거의 이용하지 않는 공원도 많습니다. 그런 돈으로 도서관 시설을 늘리면 어떨까요? 또 어르신들을 위한 노인회관 시설을 늘리고 좋은 프로그램도 만들면 어떨까요? 눈에 보이는 사업에만 돈을 쓰지 말고 시민이 정말 필요한 것이나 불편한 곳을 찾아 세금을 알뜰하게 써 주셨으면 좋겠습니다.

7. 예시 답안
　①소득을 줄이지 않고 성실하게 신고한다.
　②영수증을 꼬박꼬박 챙긴다.
　③공공 시설물을 소중하게 이용한다.

♣62쪽
▶행복한 논술(예시 답안)
　정해진 세금보다 적게 내거나 내지 않았으면 좋겠다고 생각하는 어른들이 많습니다. 그런데 국민들이 생활을 편리하고 안전하게 하려면 정해진 세금을 내지 않으면 안 됩니다.
　나라에서 세금을 거두는 이유는 군대를 유지해 국방을 튼튼히 하고, 경찰을 운용해 사회 질서를 바로잡기 위함입니다. 또 법원을 만들어 국민 생활의 혼란을 막고, 학교를 지어 학생들을 교육시키며, 가난하게 사는 사람들의 생계를 지원하기 위해서이지요. 우리 사회에는 가난하거나 힘이 약한 사람들이 적지 않습니다. 이러한 사람들을 위해 복지 정책을 펴고, 힘센 사람들에 의해 피해가 가지 않게 지켜 주려면 세금이 필요합니다.

세금은 우리 경제를 부강하게 만든 원동력이기도 합니다. 국민이 세금을 성실하게 냈기 때문에 과거 가난했던 우리나라가 이제는 잘사는 나라가 되었습니다. 세금이 아니면 고속도로를 건설할 수도, 비행장을 만들 수도 없었을 것입니다.

국민이 세금을 내지 않으면 나라의 살림이 어려워집니다. 어린이들이 꿈을 키우려면 우리나라가 더 살기 좋은 환경을 갖춰야 합니다. 어린이들이 꿈을 이룰 수 있도록 어른들이 납세 의무를 성실히 지켜 주셨으면 좋겠습니다.

07 공정하다는 것의 참 의미

♣68쪽
▶생각이 쑤욱
1. 예시 답안

교육의 공정성이 지켜지면 누구나 같은 기준으로 평가를 받고, 노력하면 좋은 성적을 거둘 수 있어 공부를 열심히 하기 때문이다. 또 학생들이 어렸을 적부터 공정한 평가에 익숙해지면 커서도 공정한 경쟁을 당연하게 생각해 사회가 발전할 수 있기 때문이다.

2. 예시 답안

-나는 키가 크지만 눈이 나빠 뒤쪽에 앉으면 칠판이 잘 보이지 않는다. 하지만 선생님은 내가 키가 크다는 이유로 일 년 내내 교실 뒤에 앉히셨다. 그래서 칠판에 쓰인 글을 잘 볼 수 없어 늘 애를 먹었다. 눈이 나쁜 것도 배려를 받아야 한다고 생각하는데, 선생님은 내 말을 들어 주지 않으셨다.

-선생님은 체육 시간에 친한 친구들끼리 편을 짜서 축구 시합을 한 뒤 그 결과를 가지고 성적을 매긴다고 하셨다. 그런데 축구를 좋아하고 잘하는 아이들끼리만 편을 짜서 나머지 아이들은 거의 이겨 보지 못했다. 제비뽑기나 가위바위보를 했다면 훨씬 공정한 시합이 되었을 것으로 생각한다.

3. 예시 답안

입학 시험의 공정성이 깨질 수 있기 때문이다. 입학 시험에서 합격자와 불합격자를 가르는 가장 중요한 기준은 학생들의 학습 능력이다. 부모님의 재산이나 사회적 지위는 이러한 학습 능력과는 아무 상관이 없는데, 서류에 이런 내용을 적으면 면접 점수 등에 영향을 미칠 수 있다. 그러면 학습 능력이 부족한 학생이 합격하거나 학습 능력이 충분한 학생이 불합격하는 일이 생길 수 있다.

♣69쪽
▶생각이 쑤욱
4. 예시 답안

-왼쪽 그림이 더 공정하다 : 모든 사람이 상자를 똑같이 하나씩 가지고 있기 때문이다.

-오른쪽 그림이 더 공정하다 : 상자를 모두 공평하게 나누어 갖지는 않았지만, 모든 사람이 담 너머에서 이뤄지는 경기를 볼 수 있어서 결과적으로 공정하기 때문이다.

5. 예시 답안

부정 입학 교육 비리에 희망이 사라졌어요/힘 있다고 부정 입학, 힘없으면 어떡해요?/교육의 공정성이 깨지면 우리 사회가 무너져요/노력하면 성공하는 사회를 만들어 주세요 등.

♣70쪽
▶생각이 쑤욱
6. 예시 답안

학교에서 행사나 경기가 있을 때 규칙을 알아 둔다/학교에서 부정한 일이 벌어지는 것을 보았을 경우 숨기지 말고 신고한다/집안 형편이 좋지 않아 학원에 다니기 어려운 친구의 공부를 돕는다 등.

7. 예시 답안

위 학생은 가정 형편이 어려운데도 열심히 공부해 교내 수학 경시 대회에서 좋은 성적을 거두었습니다. 이에 학생이 앞으로 걱정 없이 공부할 수 있도록 안심장학금을 드립니다.

♣71쪽
▶행복한 논술(예시 답안)

대통령과 친한 특권층 자녀의 명문대 특혜 입학 사실이 알려지면서 우리 교육계가 공정하지 못하다고 생각하는 국민이 많다. 공정성이란 성별이나 인종, 재산 등에 상관없이 공평하게 대우하는 것을 말한다.

우리 국민이 불공정한 대학 입시 비리에 분노하는 까닭은, 열심히 공부해도 원하는 대학교에 들어갈 수 없다고 여기기 때문이다. 교육이 공정하면 노력한 사람이 좋은 성적을 거둬야 한다. 그런데 대학 입시 비리는 특권층 자녀는 노력하지 않아도 좋은 성적을 거두고, 보통 사람은 노력해도 좋은 성적을 거둘 수 없다는 것을 뜻한다.

교육의 공정성을 지키려면 먼저 학생이 공정하게 행동해야 한다. 남의 답안을 베끼거나 규칙을 어기는 행동은 옳지 않다. 학부모도 학생의 숙제를 대신해 주거나 돈으로 상 또는 점수를 사려고 하지 말고, 공정한 절차를 지키려고 노력해야 한다. 학교는 시험 절차를 투명하게 공개하되, 원칙에 맞게 점수를 매겨야 한다. 정부는 학교에서 비리가 생기지 않도록 감시하고, 비리를 저지른 사람은 누구든지 엄한 벌을 내려야 한다. 사회적 약자들에게 더 많은 기회를 주는 일도 중요하다.

08 녹조와의 전쟁 이기기

♣77쪽
▶생각이 쑤욱
1. 예시 답안

무더운 날씨 때문에 수온이 오른 상태에서, 4대강 사업 때 설치한 보가 강물의 흐름을 느리게 했기 때문이다.

2. 예시 답안

1	식물성 플랑크톤과 동물성 플랑크톤의 수가 갑자기 증가해 바닷물이 붉은색을 띠는 현상	적조
2	강이나 바다가 오염되어 영양 물질이 많이 늘어나는 현상	부영양화
3	가장 단순한 구조의 수중 식물인데, 광합성에 사용하는 색깔에 따라 종류가 구분됨	조류
4	식물성 플랑크톤의 수가 갑자기 증가해 하천의 물이 녹색을 띠는 현상	녹조

3. 예시 답안
①식물성 플랑크톤이 생긴다.
②부영양화가 일어나고 녹조가 생긴다.
③물고기들이 떼죽음하고, 죽은 물고기가 썩는 과정에서 악취가 난다.
④식수원을 오염시켜 사람의 건강을 위협한다.

♣78쪽
▶생각이 쑤욱
4. 예시 답안
-주민이 생활 폐수를 함부로 버리지 말아야 했다.
-공장 운영자들이 폐수를 제대로 처리한 뒤 버려야 했다.
-정부가 호수 오염에 대비해 하수 처리 시설을 미리 마련해야 했다.

5. 예시 답안
오염 물질이 발생하지 않도록 예방을 가장 중요하게 생각한다. 오염 물질이 발생해 하천으로 흘러들면 하천에 영양 물질이 많아지고, 식물성 플랑크톤의 수가 갑자기 늘어나 녹조가 발생하기 때문이다.

♣79쪽
▶생각이 쑤욱
6. 예시 답안

우리나라는 2008년부터 4대강의 홍수와 가뭄을 막기 위해 여러 가지 사업을 벌였습니다. 하지만 그때 4대강에 설치한 보가 물의 흐름을 막아 4대강 전체에 녹조가 해마다 되풀이되고 있습니다. 독일의 뮌헨시도 150여 년 전 홍수를 예방하고 수로를 개발하기 위해 구불구불했던 이자강을 곧게 펴는 작업을 했습니다. 그런데 공사를 하기 전보다 홍수가 더 심해졌지요. 뮌헨시는 이자강을 살리기 위해 곧바로 복원 사업을 추진했습니다. 덕분에 콘크리트로 제방을 쌓아 물만 가득했던 수로는 사라지고, 하천은 원래 모습을 되찾았습니다. 우리나라도 독일의 이자강 사례를 본받아야 합니다. 그래서 국민에게 깨끗하고 아름다운 강을 다시 돌려줘야 합니다. 정부는 보의 수문을 완전히 열어 강물이 잘 흐를 수 있게 하고, 보를 허물어서라도 하루 빨리 4대강의 녹조 문제를 해결해야 합니다.

7. 예시 답안

나	예) 양치질할 때 치약 대신 소금을 사용한다.
아빠	낚시할 때 강 주변에 쓰레기를 함부로 버리지 않는다.
엄마	주방에서 세제가 필요 없는 친환경 수세미를 사용한다.
언니	샤워할 때 샴푸와 비누를 조금씩만 사용한다.
동생	식사할 때 음식을 남기지 않는다.

♣80쪽
▶행복한 논술(예시 답안)
가정 통신문
학부모님 안녕하십니까.

신문과 TV 뉴스를 통해 알고 계시겠지만 4대강의 녹조 문제가 갈수록 심각합니다.

강이나 호수 등에 녹조가 생기면 여러 가지 좋지 않은 문제가 발생합니다. 물고기들이 숨을 쉬지 못해 떼죽음하고, 그 죽은 물고기들이 썩는 과정에서 악취도 심하게 납니다. 하천 경관도 나빠지고, 물속 생태계가 파괴되지요. 녹조의 심각한 피해는 식수원 오염인데, 주민이 오염된 지하수를 마실 경우 자칫 생명까지 잃을 수 있습니다.

따라서 녹조는 예방이 중요합니다. 어른뿐만 아니라 학생도 녹조의 피해가 얼마나 심각한지 알고, 녹조를 예방할 수 있게 협조해야 합니다. 식사할 때는 음식을 먹을 만큼만 담아 쓰레기가 생기지 않도록 해야 합니다. 비누와 샴푸 등 세제도 물을 오염시키므로 되도록 적게 사용합시다. 사용한 물을 버릴 때는 이물질이 섞이지 않게 주의가 필요합니다.

학부모님들께서는 자녀들이 생활하면서 작은 실천을 통해 녹조를 막는 데 앞장설 수 있도록 지도해 주시기 부탁드립니다.

행복초등학교 교장 이행복

09 기록 문화란 무엇인가

♣86쪽
▶생각이 쑤욱
1. 예시 답안
 -태권도 단증 : 4년 내내 아침마다 열심히 태권도 도장을 다녀서 땄다. 태권도를 좋아한다는 사실과 단증을 따기 위해 열심히 노력했다는 두 가지 사실이 모두 단증에 기록되어 있다. 따라서 나중에 태권도 단증을 따려면 어떻게 해야 하는지 궁금한 사람들과 우리 후손들에게도 알릴 수 있기 때문이다.

2. 예시 답안
 세금을 걷기 어려워 나라 살림이 어려워진다/군사를 모집하기 어려워 국방이 어려워진다/어떤 사람이 죽으면 그 사람의 지식이 모두 사라진다 등.

3. 예시 답안
 -의사 : 여러 가지 질병의 치료법, 환자의 상태, 약이 되는 동식물 등.
 -교사 : 자기가 아는 지식, 학생을 가르치는 방법, 시험지, 시험 점수 등.
 -탐험가 : 가 볼 만한 곳, 강의 위치, 위험한 동물이 사는 곳, 새로 발견한 동식물 등.
 -동물 조련사 : 동물이 싫어하거나 좋아하는 먹거리, 동물을 효과적으로 훈련시키는 방법 등.

♣87쪽
▶생각이 쑤욱
4. 예시 답안
 인류의 발전에 도움이 되어야 한다/다른 나라에서는 잘 발견되지 않는 귀중한 유물이어야 한다 등.

5. 예시 답안
 -조선왕조실록 : 조선 시대의 역사, 군사, 정치 등 기록을 남겨 후대 왕들이 나라를 다스릴 때 참고하도록 하기 위해서다.
 -조선왕조의궤 : 후세에 그림과 글로 기록을 남겨 비슷한 행사를 치를 때 본보기로 남기기 위해서다.
 -승정원일기 : 나랏일을 자세히 남겨 조선왕조실록을 만들 때 참고하도록 하기 위해서다.
 -동의보감 : 전쟁으로 백성의 삶이 황폐해졌을 때 주변에서 손쉽게 구할 수 있는 동식물 등으로 치료할 수 있는 방법을 알리기 위해서다.

♣88쪽
▶생각이 쑤욱
6. 예시 답안
 머릿속으로 생각만 해도 저절로 저장되는 기록 수단/눈으로 본 것이 동영상처럼 녹화되는 기록 수단 등.

7. 예시 답안
 남과 한 약속을 잊지 않고 지킬 수 있어 신용을 쌓을 수 있고, 자신의 장단점을 파악할 수 있어 장점을 발전시키고 단점을 고칠 수 있기 때문이다. 그리고 갑자기 떠오르는 아이디어를 잊지 않고 남길 수 있어 나중에 사용할 수도 있다.

♣89쪽
▶행복한 논술(예시 답안)
 기록은 과거 나랏일에 필요한 세금을 걷을 때나 군인을 뽑을 때도 필요했다. 국민의 수와 나이, 재산 등을 알아야 했기 때문이다. 사회 질서 유지에 필요한 법을 만들기 위해서도 기록이 필요했다. 우리 민족은 다른 민족보다 앞선 기록 문화를 가지고 있었기 때문에 훈민정음 등 세계적인 기록 유산을 남길 수 있었다.
 개인의 기록도 중요하다. 그 기록을 통해 반성하고 성장할 수 있기 때문이다. 2010년 '17세 이하 여자 월드컵'(FIFA U-17)에서 한국팀을 우승으로 이끈 여자 축구의 여민지(1993~) 선수나 남자 프로 축구의 박지성 선수 모두 초등학교 때부터 일기를 꾸준히 쓰면서 반성하고 단점을 고쳐 성공할 수 있었다고 한다.
 나도 올해는 자기 주도적인 습관을 들이는 목표를 세우고, 얼마나 잘 실천했는지 일기를 통해 점검할 것이다. 성공한 사람들은 스스로 목표를 세우고 실천하는 자기 주도성이 강했기 때문이다. 아침에 스스로 일찍 일어나는 습관부터 들이겠다. 지금까지는 부모님께서 깨워야 겨우 일어나 등교하기에 바빴다. 올해엔 줄넘기도 하루에 300개 이상 꾸준히 할 것이다. 키에 비해 체중이 많이 나가는데도 운동을 하지 않아 체력이 점점 약해지는 것 같기 때문이다.

10 효도해야 성공한다

♣95쪽
▶생각이 쑤욱
1. 예시 답안

부모는	v	가족이 돌봐야 한다.
		스스로 노후를 책임져야 한다.
		국가가 돌봐야 한다.
		기타( )

왜냐하면 부모가 정성을 다해 자식을 길렀듯, 자식도 최선을 다해 부모를 모시며 은혜를 갚는 것이 사람된 도리이기 때문이다.

2. 예시 답안

자식이 부모를 돌보지 않으면, 경제적으로 어려움을 겪거나 외롭게 사는 노인이 늘어난다/자식을 낳기보다는 자신의 노후를 스스로 준비하는 사람이 증가해 인구가 감소할 수 있다 등.

3. 예시 답안

상 또는 벌을 주는 기준	3대가 함께 국립공원을 입장하는 경우
상 또는 벌의 내용	공원 입장료를 무료로 한다.
기대되는 효과	가족이 함께 공원을 찾는 횟수가 늘어날 것이다.

♣96쪽
▶생각이 쑤욱

4. 예시 답안

-효는 부모의 몸과 마음을 편안하게 해 드리는 것이다. 심청이 아버지를 위해 자신의 목숨을 바친 행동은 아버지를 슬프게 하고, 외롭게 사시도록 했기 때문에 마음을 불편하게 해 드린 것이다. 그러므로 심청은 효녀가 아니다.

5. 예시 답안

♣97쪽
▶생각이 쑤욱

6. 예시 답안

-부모님께서는 나에게 살 곳과 먹을 것 등 생활에 필요한 지원을 아낌없이 해 주셨고, 고민이 있을 때 해결해 주려고 노력하셨으며, 재미난 곳에도 데려가 주셨다.

-나는 부모님께 장소를 옮길 때마다 전화를 드려 걱정을 끼치지 않았고, 꼬옥 안고 사랑한다는 말을 자주 했으며, 과제를 미루지 않고 스스로 열심히 하는 모습을 보여 드렸다.

7. 예시 답안

내용	표시
잠자리에서 일어난 뒤나 잠자리에 들기 전에 반드시 인사를 드린다.	
외출할 때는 가는 곳과 귀가 예정 시간을 말씀 드린다.	V
부모님께서 외출할 때는 공손히 배웅하고, 집으로 돌아오셨을 때는 반갑게 맞는다.	V
부모님께서 부르시면 즉시 대답하고 달려가 뵙는다.	
식사 준비와 청소 등 부모님의 일을 거들어 드린다.	V
항상 얼굴을 밝게 하고, 형제자매 간에 다투지 않는다.	
부모님의 고향이나 좋아하시는 것 등 부모님에 관해 잘 안다.	
부모님께서 편찮으시면 정성껏 간호한다.	
작은 일에도 부모님께 감사하는 마음을 표시한다.	
중요한 일은 부모님과 의논해 결정한다.	
부모님 뜻에 따르되, 의견이 다를 때는 자신의 의견을 간곡하게 말씀 드린다.	

효 실천 다짐문

나 <u>행복이</u>는(은) 부모님께 아래와 같이 효를 실천할 것을 다짐합니다.
<u>부모님께 짜증 내며 말하지 않고, 작은 일에도 감사하다는 말을 하겠습니다. 또 동생과 싸우지 않고 사이좋게 지내 겠습니다.</u>

♣98쪽
▶행복한 논술(예시 답안)

효는 자신에게 생명을 주고 키워 주신 부모님께 은혜를 갚는 일이다. 옛날에는 부모가 살아 계실 때 정성을 다해 모시고, 돌아가신 뒤에도 제사를 지내며 예를 다했다. 그런데 오늘날에는 자식이 부모를 봉양해야 한다고 생각하는 청소년이 갈수록 줄고 있다.

효 정신이 약해진 까닭은 가정이나 학교에서 효 실천 교육이 제대로 이뤄지지 않기 때문이다. 핵가족화가 되어 가정에서 효도하는 모습을 보고 배울 기회가 부족했다. 학교에서도 지식 위주로 가르쳐 인성 교육이 부족했다.

효의 실천 방법은 시대에 따라 바뀌고 사람마다 다르지만, 부모님께 감사하고 공경하는 마음에서 나오는 것에는 변함이 없다. 부모님의 몸과 마음을 편안하게 해 드릴 수 있는 것 가운데 자신이 잘할 수 있는 것을 찾아 하나씩 실천하면 된다. 예컨대 작은 일에도 부모님께 감사의 인사를 드리고, 부모님의 일에 관심을 갖는 것도 효다. 안마를 해 드리는 등 생활에서 실천할 수 있는 일도 많다. 무엇보다 자신의 몸을 소중히 여기고, 자신감 있게 생활하며, 꿈을 갖고 학교 공부를 열심히 하는 것이야말로 학생들이 실천할 수 있는 진정한 효다.

11 두 얼굴의 곰팡이

♣104쪽
▶생각이 쑤욱
1. 예시 답안
  곰팡이가 습기가 많고 더운 환경을 좋아하기 때문이다.
2. 예시 답안
  -화장실 : 목욕할 때 습기가 많이 생기는 데다 창문이 없거나 작기 때문이다.
  -주방 : 가스레인지나 오븐 등을 사용해 온도가 높은데다 물을 자주 쓰기 때문이다.
  -창고 : 햇볕이 잘 들지 않고 환기가 잘 안 되기 때문이다.
3. 예시 답안
  -흰곰팡이 : 메주에 핀 흰곰팡이는 솜사탕 같은 모양을 하고 있다. 매우 가는 흰 실이 솜처럼 뭉쳐져 있어 훅 불면 날아갈 것 같다.
  -검은곰팡이 : 벽에 핀 검은곰팡이는 숯이나 연필심을 벽에 대고 문지른 것 같은 모습이다. 곰팡이가 뭉쳐 있지 않고 흩뿌린 것처럼 점점이 떨어져 있다.
  -푸른곰팡이 : 귤에 핀 푸른곰팡이는 표면이 스펀지 같다. 곰팡이가 많이 모인 부분의 색은 더 짙으며 칠판의 색과 비슷하다.

♣105쪽
▶생각이 쑤욱
4. 예시 답안
  사체가 썩지 않아 땅이 사체 투성이가 된다/사체가 썩지 않아 영양분이 땅으로 가지 못해 땅이 척박해진다 등.
5. 예시 답안
  곰팡이는 동식물의 사체를 분해해 자연으로 돌려보내고, 음식 맛을 좋게 만들기도 한다. 질병을 물리치는 의약품을 만드는 데 사용되기도 한다. 그러나 질병을 일으키고 사람을 죽게 하는 곰팡이도 있다. 건축물을 못 쓰게 하거나 농작물을 죽게 하는 곰팡이도 있다. 지구의 곰팡이 가운데는 아직도 특징이 밝혀지지 않은 것들이 많다. 곰팡이를 연구해 해로운 곰팡이가 끼치는 피해를 막고, 이로운 곰팡이가 주는 이익을 더 찾아내야 한다.

♣106쪽
▶생각이 쑤욱
6. 예시 답안
  -밖에서 놀다 들어온 뒤 땀에 젖은 옷을 그대로 방에 던져 둔다 : 빨래통이나 세탁기에 젖은 옷을 제대로 넣는다.
  -버릇처럼 냉장고 문을 연다 : 꼭 필요한 것이 있을 때만 냉장고 문을 연다.
  -목욕하고 환풍기를 틀지 않는다 : 화장실 문을 열어 두고 환풍기를 꼭 튼다.
7. 예시 답안
  -엄마 : 냉장고 청소를 일주일에 한 번씩 한다. 곰팡이 전용 세제로 화장실 청소를 한다.
  -아빠 : 한 번 신은 양말은 반드시 세탁실에 둔다.
  -누나 : 목욕한 뒤 환풍기를 틀고 욕조에 묻은 물기를 닦는다. 일요일 아침마다 베개와 이불을 널어 햇볕을 쬔다.
  -나 : 일요일 아침마다 옷장 문을 열고 환기한다. 식사 뒤 그릇을 싱크대에 바로 가져다 놓는다.

♣107쪽
▶행복한 논술(예시 답안)
  곰팡이는 실 모양의 균사로 이루어진 생물인데, 스스로 양분을 만들지 못해 다른 동식물에게 양분을 얻어 먹으며 자란다. 지구상에는 7만 종이 넘는 곰팡이가 있는데, 이 가운데는 사람에게 이로운 곰팡이와 해로운 곰팡이가 있다.
  사람에게 이로운 곰팡이는 병을 치료하는 의약품의 원료가 되고, 간장이나 된장을 발효시키는 데도 사용된다. 친환경 농약을 만드는 원료로도 쓰인다. 생물의 사체를 분해해 퇴비를 만들어 땅을 기름지게 하는 역할도 한다.
  사람에게 해로운 곰팡이는 음식을 썩게 하고 상한 음식을 먹은 사람에게 배탈을 일으킨다. 심한 경우 장기를 썩게 하거나 온몸에 독을 퍼뜨리기도 한다. 가려움이나 피부병을 일으키는 곰팡이도 있다.
  해로운 곰팡이를 없애려면 집안의 습기를 제거하고 환기를 자주 해야 한다. 습기가 차기 쉬운 욕실은 물기를 없애고, 환풍기를 틀어 습기를 줄인다. 냉장고에서 한 번 꺼낸 음식은 모두 먹되, 냉장고 문을 자주 열지 않는다. 옷장은 일주일에 한 번은 바람을 통하게 하고, 젖은 옷은 넣지 않는다. 이불이나 베개도 볕에 잘 말리는 습관을 길러야 한다. 곰팡이를 없애는 습관을 들이면 쾌적한 환경에서 건강하게 생활할 수 있다.

12 남극대륙은 개발하면 안 될까

♣113쪽
▶생각이 쑤욱
1. 예시 답안
　남극은 대륙이고 북극은 바다다. 북극의 평균 기온은 영하 35~45도 정도인데, 남극은 영하 55도로 남극이 더 춥다. 남극에는 원주민이 없지만 북극에는 원주민이 산다. 남극의 대표적인 동물은 펭귄이고, 북극은 북극곰이다.

2. 예시 답안
　남극의 얼음이 다 녹으면 지구 전체의 해수면이 60미터 이상 상승한다. 눈과 얼음이 반사하던 태양 에너지가 그대로 지구 표면에 흡수되어 태양 에너지가 크게 증가하므로, 이상 기후 현상이 일어나고 생태계도 파괴될 것이다. 대신 빙하에 덮여 있던 남극은 산과 계곡이 있는 육지로 바뀌게 될 것이다.

3. 예시 답안
　남극에는 과거 지구 환경 변화에 관련된 정보가 그대로 담겨 있어 연구가 계속되면 지구 온난화 대책을 마련할 수도 있다. 수산 자원과 에너지 자원, 광물 자원도 풍부하며, 과학 분야의 실험장으로 쓰일 수도 있다.

♣114쪽
▶생각이 쑤욱
4. 예시 답안
　개썰매 경주, 스키, 빙상 축구, 스케이트 마라톤, 이글루 짓기 등.

5. 예시 답안
　지금 이곳은 여름이어서 이끼도 제법 자랐고, 바다표범과 펭귄들도 새끼를 낳아 기르느라 바쁘단다. 햇빛을 받아 반짝이는 빙산과 바닷가에 떠도는 얼음들은 장관이란다. 바다가 고요해지면 물 위에 떠 있는 얼음들이 부딪히면서 맑은 소리를 내기도 하지. 그 사이로 펭귄과 바다표범들이 보이곤 한단다. 그런데 남극의 날씨는 종잡을 수가 없단다. 오전에는 햇볕이 따사롭더니 오후에는 구름이 몰려 오고 바람이 불기 시작했단다. 날씨가 좋으면 펭귄마을에 다녀오려고 했는데, 아무래도 오늘은 기지에서 밀린 일이나 해야 될 것 같다. 너도 기회가 되면 꼭 한 번 와 보길 바란다.

♣115쪽
▶생각이 쑤욱
6. 예시 답안
　우리나라가 남극 연구에 기여한다는 국제적인 평가를 받을 수 있고, 실질적으로 남극의 환경 보호와 생태 연구를 위한 활동을 할 수 있는 발판을 마련할 수 있기 때문이다. 이러한 활동은 나중에 생길 수 있는 남극대륙의 영유권 분쟁과 자원 개발 경쟁에서 유리하다.

7. 예시 답안
　종이 등 태울 수 있는 것은 태워 재만 남극 바깥으로 가지고 나온다. 비닐이나 플라스틱 등 태울 때 해로운 가스가 나오는 물질은 그대로 남극 밖으로 가지고 나와야 한다. 음식물 쓰레기는 말려 태우면 되고, 화장실 오물은 최대한 깨끗하게 처리해 바다로 흘려보낸다.

♣116쪽
▶행복한 논술(예시 답안)
　남극은 혹독한 자연 환경 때문에 사람의 접근이 어려워 지구상에서 오염이 가장 안 된 곳입니다. 그런데 남극은 수자원과 에너지 자원, 광물 자원의 보고입니다. 남극은 또 모든 과학 분야의 천연 실험장이라고 할 수 있습니다. 남극의 얼음에는 과거 지구의 기온과 강수량 변화뿐만 아니라 온실가스 등 대기의 변화가 기록돼 있습니다. 이러한 변화를 분석하면 미래의 지구 변화도 예측할 수 있고, 지구 온난화의 원인을 찾아 대책도 마련할 수 있습니다. 초기 지구와 같은 시기에 만들어진 운석은 태양계 탄생의 신비를 풀 수 있는 열쇠이기도 합니다. 특히 남극에서 발견되는 운석은 풍화와 퇴적이 적어 학술적 가치가 높습니다.
　이러한 남극의 가치에 세계가 주목하면서 경제적으로 이용하기 위해 자리다툼이 치열해지고 있습니다. 하지만 남극은 후손에게 물려줄 인류의 공동 유산입니다.
　남극조약 체결과 실천을 통해 얻는 교훈은, 세계가 남극의 생태계와 자원 보호를 위해 어떻게 노력해야 하는지 알려 줍니다. 남극조약은 영유권 분쟁을 해결하고, 남극을 과학 연구에만 이용하는 평화적인 곳으로 변화시켰습니다. 앞으로 지구촌 모두 남극의 환경을 보호하고, 남극이 국제적인 과학 협력의 장이 되도록 노력해야 합니다.

우리나라 지도

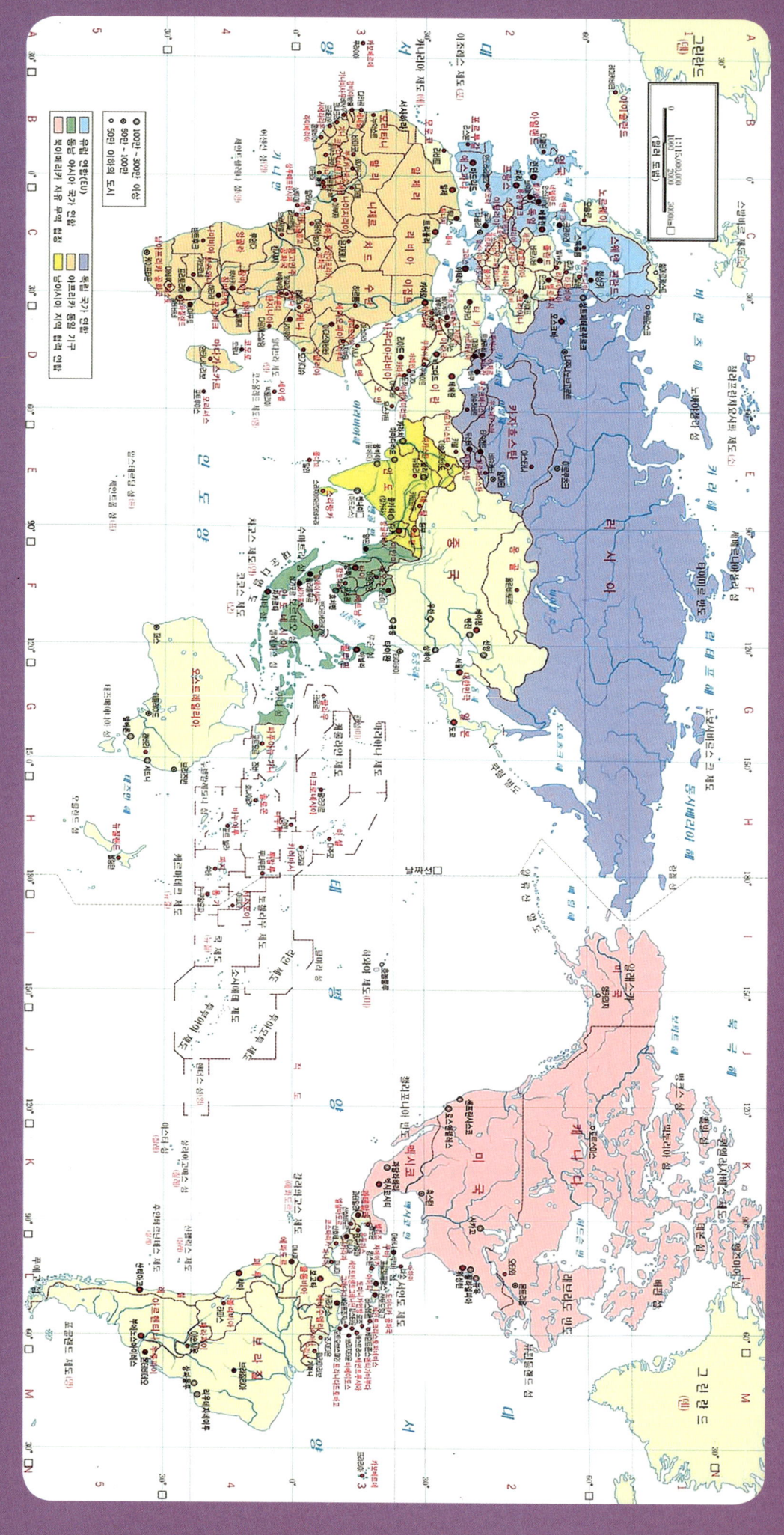